心灵共鸣　绩效考核　人员配合　教育引导
备受尊敬的直销领袖们的经验之谈

E　　A　　D　　E　　R

备受尊敬的
直销大咖
修炼宝典 Ⅱ

图书在版编目（CIP）数据

《备受尊敬的直销大咖》修炼宝典. Ⅱ / 陈亮主编. — 北京：中国商业出版社，2017.10

ISBN 978-7-5208-0109-6

Ⅰ. ①备… Ⅱ. ①陈… Ⅲ. ①直销—基本知识 Ⅳ.①F713.32

中国版本图书馆CIP数据核字(2017)第254160号

《备受尊敬的直销大咖修炼宝典》

著　　者：陈亮
策划推广：营讯传媒
责任编辑：张超美
设　　计：北京慧能广告
出版发行：中国商业出版社出版
地　　址：北京广安门内报国寺1号
邮　　编：100053
电　　话：010-63180647
网　　址：www.c-cbook.com
印　　刷：北京凯德印刷有限责任公司
经　　销：新华书店经销
开　　本：1/32
印　　张：11印张
版　　次：2017年10月第1版　2017年10月第1次印刷
书　　号：ISBN 978-7-5208-0109-6
定　　价：49.80元

版权所有·侵权必究

序 言
PREFACE

直销行业经常会提到系统、系统化运作等概念。

系统是什么？系统就是同类事物按一定的规律、文化组成的整体。系统不是某一个人，而是一个有组织能力，有领导能力，有规范秩序，有完善文化体系的群体。

一个直销人的成长是有节奏和规律的，大多数人开始都会通过学习和积累，了解直销知识，掌握直销技巧。然后不知不觉地学会了独立思考，独立沟通，独立开拓市场。最终进入成熟阶段，并慢慢走向自我，形成自己的直销理念，迈向成功的彼岸。如果没有系统的平台，从菜鸟到成熟，需要一个漫长的过程。但有了系统的环境，就会极大地缩短成长周期，这就是系统的力量。

那么，系统是如何产生的呢？是一些有能力、有经验的成功人士经常聚集在一起，相互学习，相互促进，相互交流，取长补短，相互信赖，共同提高，这样的群体就演变成了系统。

直销商经常说到的一个词就是"复制"，这是系统的最大法宝。做直销找一个好的系统最终目的都是为了"复制"，将直销知识、直销经营理念、直销优秀文化完整地"复制"下来，为自己开创良好的直销事业打下坚实的基础。

系统的复制是复制思维模式和行为模式,而不是简单的"克隆"。因为直销系统由很多精英组成,而每个人的思维大相径庭,五花八门,各有千秋,需要优胜劣汰,不断地完善和发展。

然而,复制也并不意味着放弃不同的观念、不同的思维、而是不同的文化并存。系统正是众多成功者的集合体,是先进观念、超前思维、优秀文化的综合反映。成功的系统是由很多人的不同失败教训、成功经历的累积、总结和提升。

所以,直销系统一定要学会努力去发掘和整合该行业各个具有核心竞争力企业的精粹文化,一个系统想要快速的发展,其系统文化的定位起着至关重要的作用。所以,系统在文化建设方面一定要认清方向,打造出具有自己特色的成熟文化,对于系统文化的建设,可以从以下几个方面入手。

价值观文化:系统文化价值观是指系统及其团队成员的价值取向。简言之,即对事物的判断标准。有了统一判断标准,团队伙伴才知道什么是重要的,什么是可有可无的;什么是该做的,什么是不该做的;什么是可贵的,什么是要抛弃的。所谓价值观文化,指的便是影响人们行为模式的文化系统。

品牌文化:品牌既是一种在长远经营中的战略,同时也是系统在开发市场和管理市场中的一种策略。直销系统要用品牌文化的架构和辐射来建立其对于市场成长的卓越影响力,这种做法不仅基于政策要求,更为重要的是基于市场成长策略的需求。

创新文化：创新是一个企业保持可持续发展活力的源泉，对于直销系统而言，创新更是不可缺少的一部分。创新文化的核心是创造，它包括观念创新、机制创新、方法创新、行为创新。

人本文化：所谓"人本文化"实际上它是指在管理过程中执行的"以人为本"的管理思想。即在系统的管理过程中对自己的团队伙伴给予充分的人性化关怀，并且在这种关怀的基础上充分调动每一个人的工作积极性，发挥其内在的工作潜能。

目前的直销市场再也不是"一招鲜，走天下"的时代了，所以，系统文化的塑造不能一蹴而就，必须经历一个建立、调整及逐步完善的过程。

目录
CONTENTS

第一章　领导人的格局　001
　　格局让你看得更远　002
　　把握全局 赢在细节　006
　　高度决定你的气度　012
　　如何修炼格局　019
　　有大格局才会有大队伍　023
　　吕维林：直销潜力无限 系统致胜未来　028
　　张志军：倾其所有守直销 重构行业生态圈　037
　　杨文辉：直销大舞台 成就大未来　045
　　梁伟峰：新零售风口下的直销跨界生态链　053
　　侯砚军：中国直销的未来值得所有人期待　060
　　钱诚：选择大于努力 成功贵在坚持　070

第二章　领导人的情绪控制　077
　　顺势而为化矛盾于无形　078
　　抱怨是解决问题的开始　084
　　了解情绪的根源　090

情绪控制的最高境界 —— 095

与"志同道合"者谋 —— 101

尊重不喜欢的人 —— 106

宫新华：诚信护航 铸就"中国梦" —— 112

李峰：管理不走寻常路 —— 121

蓝日荣：用正确的理念和心态拥抱直销 —— 128

李光耀：文化建设是系统稳定的基石 —— 135

张咏纯：直销行业的诚信经营楷模 —— 144

刘谏：构建全新直销生态系统 —— 153

第三章 领导人的悟性修炼 —— 163

感知当下 与时俱进 —— 164

努力成长顺便成功 —— 167

觉知便是拥有 —— 172

放下产生力量 —— 179

认知自我和谐相处 —— 183

塑造感知万物的"情怀" —— 188

谢志宏：创新消费新直销 分享创富创未来 —— 193

王战：成功领导人的高情商修炼 —— 200

刘兰香：破茧成蝶 美丽蜕变 —— 209

于景振：勇而无惧 谋而天成 —— 218

刘文江：团队建设中的文化塑造 —— 224

李亚洁：诚信是事业成功的基石 —— 234

第四章 领导人的灵性修炼 —— 241

渴望是成功的起点 —— 242

有信念才会到达终点 —— 247

寻找生命的价值与意义 —— 252

确立正确的追求目标 —— 258

成为理想中的自己 —— 262

王敬民：共创民族直销大业 —— 266

张艺凡：企业家于直销领袖的一线之隔 —— 275

张海彬：产品为根 正本清源 —— 283

邵章洪：天才领袖的崛起之路 —— 290

常艳：做行业榜样，树女性标杆 —— 297

罗丛影：横眉冷对千夫指，俯首甘为孺子牛 —— 304

后　记 直销领袖的责任与使命 —— 312

第一章
领导人的格局

格局让你看得更远

著名企业家马云讲过：做企业赢在细节，输在格局。格局，"格"是人格，"局"是胸怀，细节好的人格局一般都差，格局好的人往往不重细节，两个都干好，那叫太有才。什么是格局，格局就是指一个人的眼光、胸襟、胆识等心理要素的内在布局。一个人的发展往往受局限，其实局限就是格局太小，为其所限。谋大事者必要布大局，对于人生这盘棋来说，我们首先要学习的不是技巧，而是布局。

大格局决定着事情发展的方向，掌控了大格局，也就掌控了局势。一个人格局大了，未来的路才能宽！如果把人生当做一盘棋，那么人生的结局就由这盘棋的格局决定。想要赢得人生这盘棋的胜利，关键在于把握棋局。在人与人的对弈中，舍卒保车、飞象跳马……种种棋局就如人生中的每一次博弈，棋局的赢家往往是那些有着先予后取的度量、统筹全局的高度、运筹帷幄而决胜千里的方略与气势的棋手。

大境界才能有大胸怀，大格局才能大有作为。实现大格局的途径，格局不是先天性的东西，和你目前的人生环境也没有必然的联系，格局是一个人对自己人生坐标的定位，只要我们能够调整心态，就一定能够为自己建立一个大格局。

就像下围棋开局时我们要布局、要谋划，因为这直接决定了中盘和最后收官的输赢。做企业也一样,无论企业大小开局时都要做好具体布局、规划,先确定目标、明确方向、划定路线和步骤。虽然这个阶段很多大型企业已经基本上将局布好或完成了,但世界和商场就像一个巨大的棋盘,总还是留有我们生存和发展的空间,留有商机。输赢的关键在于你要给自己定好位,去寻觅发现,确定好方向,选择好目标,把握好机会,所以开始做之前要想明白这件事,简而言之就是策划、确定格局。

西汉时,儿宽在廷尉张汤府上当差。下班后,府吏们都喜欢喝酒玩牌。儿宽却不然,他一有时间就埋头读书。有个文书挖苦他说:"你就玩会吧!你再怎么学,也不过是抄抄写写罢了,'小家雀'还能成'大尾巴鹰'?"儿宽正义凛然道:"大丈夫当以天下为己任,真英雄欲为万世开太平!"任凭别人怎么劝,怎么拉,儿宽就是不肯入酒局饭桌。

这样过了几年,一次,汉武帝对张汤的一个奏折很不满意,吓得张汤诚惶诚恐,回来后就把文书臭骂一顿。文书愁眉不展,一旁的儿宽拿过奏折一看,指出了问题所在。文书哀求:"救人救到底,送佛送上天,你就帮着写写吧。"儿宽文不加点,片刻便写好了。结果,奏折让汉武帝眼前一亮,得知是儿宽所写,亲自召见了他,先任命他为左内史,后又升任御史大夫。

别人喝酒作乐,儿宽却闭门读书,因为他的抱负不是谋个饭碗,而是经纬天下。

这样的例子很多。站得高，确实是能够看的远。有大格局的人，也多有大眼界，大耐力，大气度。

所以，也许因为这个原因，中国人在建筑上，也是讲究大格局的。门楣要高，屋宇要广，庭院要深，然后，杨柳堆烟，帘幕无重数。其实，这也是每一个人喜欢的人心的格局。襟怀要大，气象要大，三千里驿站与亭台，八千里疏云和淡月。

在国人看来，格局一大，内心就会宏阔，精神就会逍遥，灵魂就会奔逸自由。

人们在这个社会上常常会自问或者被问一个简单却又极富哲理的问题："我（你）是谁，从哪里来，到哪里去？"这个问题的答案，可简可繁，可高可低。如果只是下意识，也许我们能够随口答出，但冷静一下，可能会想想再答，深思片刻，也许你很难回答这个问题。之所以会这样，就是因为这个问题涉及到了我们如何定位自己的高度，它将决定我们视野伸向何处，我们的目的地在哪里，于是它就变得复杂而深刻了。

其实不管是生活还是人生，只有屹立高处才能看的长远。视野的长短，将决定我们人生的境遇。比如，下围棋想要赢还需要攒足"气"，也就是怎么具体地投好每一颗棋子。其实，企业就是活一口气，搞截杀的时候可能拼得就是这一口气。所以很多企业家认为只要自己一直有一口气就没事。其实围棋也告诉企业家一句话，两口气才是活棋。所以发展团队的过程中，不能总把自己逼到就剩一口气的程度，而应想方设法盘活中盘，认认真真走好每一步，追求每一步的完美。在具体实现自己的理想、目标过程中，还要脚踏实地、一丝不苟、细致入微、精益求精，勤勤恳恳、兢兢业业，开拓进取、勇于创新。

把握全局,赢在细节

古人云:"夫英雄者,胸怀大志,腹有良谋,有包藏宇宙之机,吞吐天地之志者也。"也就是说,凡是能成为英雄的人,都有伟大的志向,胸中蕴藏着精良计谋,他们具有能够容下宇宙的胸怀,吞吐天地的志气。同时,他们又深刻的懂得"一屋不扫何以扫天下"的道理,即使身居高位,也注重细节和小事的精益求精。

"重在细节,抓好工作中每件小事","只有全身心投入工作,才能把工作做好"……在日常工作中,关于工作方面的格言名句比比皆是,相信每个团队成员都能脱口而出三两句,这是人们对工作的态度,也是我们对工作的信念和重视。

然而,现实生活中有的人一边强调把工作做细,一边做得粗心大意;有的人一边强调重在细节,一边乱无章法;有的人口口声声说要把工作做得更细致,但却未曾改变,依旧如前;有的人嘴上说要严格按制度规范化办事,做起事情来却应付了事……诸如此类现象,屡见不鲜,只喊口号不重视实施。粗者,大概了事,得不到甜果反而苦恼,弄得往事不堪回首;细者,工作认真细致,贯于始终,效果好,从而形成良好的工作氛围。总之要真正把工作做到细致入微,除养成自身细心的习惯外,还应该从细处着手,把工作落到实处,不应只表现在口号上，开始就应把一切工作都做到最细，把细节牢记于心，贯穿于日常行为之中，力求不出任何的差错，不留一丝遗憾。

"海不择细流，故能成其大；山不拒细壤，方能就其高。"团队成员如何把工作做到细致入微？首先，必须是关注细节，用心的工作。"用心的工作"就是一种责任，一份良知，是自己分内的事，必须尽自己的所能，把它做好。它要求每位员工必须有耐心和细心，即使是一件很小的事，如何做好，需要注意到每一细节。比如合同管理要细到合同编号，甚至细到合同内容里的标点符号，这一细节可以说是"随风潜入夜，润物细无声"的春夜喜雨，引导我们形成良好的行为习惯，对我们将来的影响是益处非凡的。

其次，必须是勤奋的工作，光是用心还不够，必须勤奋，因为勤能补拙。勤奋的工作，必须善于学习。勤奋的工作必须要主动作为，克服怕苦畏难和松懈的心理。勤奋的工作还必须相互合作，取长补短，共同提高。

最后，还必须运用智慧、用心地工作，就是要学会动脑筋，用思考代替埋头苦干，工作要创新，方式手段更优化。只有认真做事了，才能达到预期的效果。作为一名优秀的员工，需提交给上级的是结果，而不是把问题未经头脑分析就转移汇报。

此外，还要具备睿智的心态，就是每一员工都要具备创新的意识，相互合作，做智慧型的引导者。用自己的做人标准和人格魅力影响周边的同事，使很多工作真正规范、程序化，用智慧来调动一切积极因素营造团结奋进的技术团队。现处于经济社会高速发展时期，随着企业的不断发展，睿智的心态亦显得尤为重要，这必须引起我们更高的警觉，"如何成为企业需要的技术人才，推动企业高速发展？"需要我们员工不断学习、不断反思、不断创新、不断进步，才能成为符合企业发展的复合型人才。

松下幸之助所言："无视细节的企业，它的发展必定在粗糙的砾石中停滞。"不少成功人士的实践经历告诉我们，关注细节不一定能使企业管理成功，但成功的管理必定在于细节处用心。在现在企业的管理中，很多领导人员正以身作则，践行、引导着"见微知著，从细节中了解员工；言传身教，用细节纠正员工粗心习惯；潜移默化，用细节感染员工"的理念。大凡什么事，只要用心去做，不能有丝毫的放松，就能达到最佳的效果，相反，轻率敷衍，得过且过，则一事无成。

2011年9月10日，在第八届网商大会上，阿里巴巴集团董事局主席马云发表了主题演讲。马云表示，对企业家而言，注重细节与兼具胸怀是将企业做好的关键。他指出，细节能成就一个人或一家企业，但如果没有包容的胸怀，细节对成功则不再具备推动力。

以下为阿里巴巴董事局主席兼首席执行官马云的演讲摘

要：

我们正在改变这个世界，我们正在影响这个世界，因为我们毫无畏惧，我们只想改变自己。其实改变世界很累，改变世界只有结果，我们一出来就想推翻这改变那，其实你什么都改变不了，最重要的是改变自己。只有你改变了，这世界才会改变。

我们永远要知道，在生态体系里，打败我们的，不是别人，是我们顽固的思想。不是对手灭了你，而是你自己灭了自己。要回归自己，不管你今天的企业多大，永远要知道你是谁，你凭什么，你要什么，你放弃什么，这些问题想不清楚是不行的。

在商场中，不是打败对手你就算赢了，因为对手太多了。这块土地要有生物多样性，我们必须让各类网商、各类竞争者在上面生长。竞争是让我完善，让我成长。我特喜欢竞争，一听见"竞争"我浑身快乐。竞争比的是什么？比的是如何比对手更加快乐的完善自己，如何让对手越来越恼火，越来越不爽。会战者不怒，会打架的人是不会生气的，生气的人一定不会打架。

学会和对手相处，才是最最厉害的。狮子去吃羊，绝不是因为我恨羊，而是我不得不吃。打败对手，绝不是因为有多么强大，而是对手固步自封的思想，不愿意完善自己，使他失去了未来。所以我觉得，只有共赢，只有跟对手一起玩，活得好的才算赢。没有狮子，羚羊们也活不久，所以你不要去恨对手。

刘国梁、邓亚萍这些人打球，球网上加一个很小的缝，发3个球就能穿过去，我估计我发一万次都穿不过去，那是细节上的苦练。有人说你真牛，6分钟说服了孙正义。首先告诉大家，其实是他说服了我。但在见孙正义前，我在硅谷至少被拒绝了40次。

所谓赢在细节，就好比所有人看一个人踢腿真漂亮，其实你根本不知道他每天早上踢两万下。格局，"格"是人格，"局"是胸怀，细节好的人格局一般都差，格局好的人从来不重细节，两个都干好，那叫太有才！

在生活中，我们要想成为一个智者，就要在顾全大局的同时注重细节。当一切皆在我们眼底时，我们才能把事物看得通透。如果我们缺乏足够的高度，就会在朦胧中不辨方向，迷失真相，继而生出"不识庐山真面目，只缘身在此山中"的感叹。人们常说，一将功成万骨枯。打仗死人是很正常的，在这个问题上，统帅和士兵的想法肯定是不一样的。一个优秀的将领，一般具有统筹全局的能力，如果胸无大局，就会如一般士兵无异，那么他在作战过程中一定是迷茫而恐惧的。在战争过程中，伤亡最大的情况往往不是浴血奋战的厮杀，而是因溃败后惨遭屠戮。如果你只是片面地爱惜这些士兵，平时跟他们称兄道弟，管束不严，反而会害了他们，让他们在战场上成为敌人屠戮的羔羊！只有站在统帅的高度认清这个问题，才能成为一个真正的常胜将军。

在团队建设中同样如此，我们不要总是站在自身的位置来看待问题，懂得从全局考虑，只有这样你才能领导好你的团队。不管是团队的决策者还是执行者，我们都需要把自己的高度放到团队的层面，否则，决策者将团队当成自己谋利的工具，执行者也不会顾及团队利益，在团队运作中以个人私利为重。

要想做好团队领袖，一定要有团队领袖的眼界和格局，只有胸怀大局、注重细节，我们才能将整个团队的发展现状看得通透，甚至能够看清整个行业的发展规律，带领团队成员去更好的适应行业的发展，制定更加受到顾客接受和欢迎的营销计划，做到人无我有，人有我优！这种把握全局的眼界，更是每一个销售团队领袖和管理者必须要具备的素养。

只有确保自己拥有足够的高度，我们才能成为一个遇事高明的智者和具有超然眼界的行动者！这也就是人们常说的："玩手段的永远无法打败那些玩境界的。"这种高境界所带来的细致入微，是每个团队领袖必须具备的重要能力。

高度决定你的气度

　　一个人的高度决定着你是平面地看待这些问题还是立体地看待这个问题。如果你缺乏高度，那么你只能成为芸芸众生中的一员，觉得自己是被包含其中的，是周围的世界容纳了你，而不是你的心胸中容纳了这个世界。不同的高度将决定我们心胸的宽广度。如果你有包举宇内的雄心和眼界，那么你一切万事万物都能在你心中安放，你就不会常常陷入迷茫和无助，也不会为了一点小小的利益得失而耿耿于怀，成为一个不拘小节的成大事者。当你在面对任何事情时都能保持一颗淡然的心境，做到举重若轻，那么你将无事不成！

　　同样，气度也将决定你的高度，一定程度上一个人的高度与气度是相互影响和决定的。先看一个问题，何为气度？气度是一个人心理素质的表现形式，它是决定一个人成败的必要因素。"气"有大气，有小气。"度"则为有度量。而人际交往是气度的最佳表现范围。在与别人沟通的同时，气度往往在最短的时间内能让别人对你臣服或者藐视。大将风范，是一个人追求气度的最高点，在战乱时期，没有一个士兵不愿追随这样的将军，也没有一个士兵不愿成为这样的将军。

　　但是，站得高并不是让我们变得无私或者慷慨了，而是让我们心中有了更多更大的目标，很多利益的比重都大大下降了。这些利益的得失不会对我们的心态产生太大的波动，我们都能用一种更平和大度的心态处之。

你是一个有气度的人吗？你已经达到了理想的人生高度吗？问题的答案将决定你人生的高度和你的气度。

三国时，零陵湘乡（今湖南湘乡）人蒋琬年少好学，聪明过人，加之器宇轩昂，人长得也精神，在当地老早就很有名气。不过他第一次纳入刘备的法眼，却事与愿违，跌了个不大不小的跟头。

那时蒋琬投笔从戎，追随刘备入蜀，因为年纪轻，资历浅，只得到一个相当于秘书性质的佐史差使，后来出任广都县县令。放一般人身上，这么年轻就做了县处级的官，应该很高兴了，但蒋琬却不以为然，觉得大材小用了，内心里尽是委屈，整日里闷闷不乐，还常常借酒解愁，对工作就不怎么上心。

这一天，刘备在诸葛亮的陪同下到各地视察，恰巧经过广都，走进县衙一看，这位蒋县长沉醉不醒，桌案上没有处理的文件堆积如山，布满了灰尘。刘备勃然大怒，治理蜀地，正需要整顿政风，当即就要下令将蒋琬就地正法。诸葛亮急忙拦住了他，说："主公不记得当年的庞士元吗？"

刘备困守荆州之时，有"凤雏"之称的庞统（字士元）来投，刘备嫌他长得丑，没看上眼，多有怠慢，后来才发现他满腹经纶，正因为采纳了他的计策，才得以入主西川。诸葛亮觉得眼前的蒋琬特别像当年的庞统，就劝刘备说："蒋琬是栋梁之材，而不是百里之材，为政以安定百姓为本，不能光看表面做的怎么样，请主公明察。"

这番话虽然听起来很有道理，但刘备还是有些将信将疑，但丞相的面子不能不给，于是免了他的死罪，官职却一撸到底。不过经过这件事，蒋琬因祸得福，进入了最高领导人的视野。建安二十四年（公元219年），刘备进位汉中王，蒋琬一步升天，到中央任尚书郎，成为了国家权力中枢的一分子。

蜀国后期，诸葛亮病重，国家内忧外患，谁能接替宰相之位，将关系国家的安危，人们私下里不免多有议论，公认最有可能的莫过于杨仪和蒋琬二人。经过对比，大家觉得杨仪的希望更大，因为先主刘备和丞相诸葛亮对杨仪非常赏识，先是任命他为尚书，而蒋琬为尚书郎，后来虽然二人同为丞相参军、长史，但每次随行，杨仪总是负担更为艰巨复杂的任务，论为官才能，杨仪都在蒋琬之上，杨仪也认为诸葛亮之后非己莫属，然而最终的结果却是蒋琬后来居上，笑到了最后。

是什么原因导致了杨仪的失利，却成就了蒋琬的成功呢？除了治国理政的才能之外，蒋琬在胸襟和气度方面，显然更胜一筹。

杨仪气量狭窄，自负狂傲，在军中经常与蜀国另一位重要的将领魏延发生争执。诸葛亮病逝，遗令杨仪处理后事，他趁机诛杀了魏延，并且变本加厉，夷灭三族。由于杨仪心性严酷等原因，后来没有当上宰相，杨仪深深不忿，居然说："当年我如果举军投魏,哪会像今天这样!"此事被费祎知道后密奏后主。杨仪被废为庶民。此后杨仪依然心理极度不平衡,以待罪之身上书诽谤,且言辞激烈,终于被朝廷问罪收押,落了个自杀身亡的结果。

反观蒋琬则气度恢宏,待人处世心胸开阔,特别有容人之量。杨戏为宰柜府的东曹掾,他在与顶头上司蒋琬谈话时,没有一点面含微笑的恭敬之态,不懂逢迎,甚至对蒋琬问他的话,有时也心不在焉地不作回答,好像没有听到一样。侍卫单镐与杨戏有过节,便悄悄对蒋琬说:"您身关大司马,位崇言尊,连陛下也要谦让几分,而府中杨戏官不大,架子却不小,竟然连您讲话也爱理不理。对这种人若不治罪,岂不过于宽容?"蒋琬一听,没有丝毫怒色,反而耐心解释说:"杨戏这个人,我是了解他的,他从不违心恭维别人。我说的话,也不可能句句在理。他要赞许我吧,又不是他的本心;要反对我吧,又宣扬了我的错误,所以他就默默不语了,这正是他的耿直之处。"单镐听后感动地说:"您真是虚怀若谷,雅量过人!"

后来杨戏碰到姜维,就没有那么幸运了。他多次借着酒劲,对姜维冷嘲热讽。姜维很生气,后果很严重,他找了个借口把杨戏贬为平民,直到老死都没能重回朝中。相比之下,更可见蒋琬的容人之量。

府中督农官杨敏是个口无遮拦的人,有一次私下里与人闲谈，抨击蒋琬，说他"作事昏乱糊涂，跟前人没法比。"这一诽谤领导之辞很快被报告上去，主管法纪的官员请求对杨敏追究治罪，蒋琬却明确表示反对，"前丞相诸葛亮神武赫然，威震八方，功盖寰宇，我怎能及他？我确实不如前人，这是实情，不必追究。"后来，杨敏因犯罪下狱，众人都以为他必死无疑，谁知蒋琬心无芥蒂，不怀成见，杨敏得以免除生命之忧。

正因为蒋琬具有常人所没有的度量，因此在他为相期间，心存大局，用人之长，以静治国，蜀国基本上没有人事上的重大矛盾和纷争，上下同心，保证了全国的安定。

在现实生活中，有的人面对一些看似不正常的现象常常会哀叹：为什么我学富五车，才高八斗，高智商高学历，到头来却沦为一个打工仔。最不可忍受的是，老板还是个高中或者初中生。这种现象不仅在中国，在世界其他地方同样比比皆是。为什么有些人能创业当老板，有些人只能做一个执行者，原因就是自我定位的高度不一样。能力再大，如果没有高度，我们会像无头苍蝇一样毫无方向和目标，只能被动执行别人的指令，甚至往往连个人正常的能力也无法完全得到发挥和施展，因为我们只能在有限的可视范围内见招拆招，亦步亦趋地艰难前行。

我们常常在很多起义故事里面会看到这样的情节：某某人登高一呼，然后周围的人群起而响应。当然，要实现这样的效果，并不是登高喊几句口号就行了，一定要有高屋建瓴的思想，能向周围的人提出切实可行的远景计划，让这些人看到自己的发展方向，觉得跟着他会有发展前途。这一状况也体现了人类最本质的生物属性——应激性。我们都知道，每一种生物，不管等级的高低，都会有一种本能的反应，就是通过趋利避害来发展自己，免受侵害。人们之所以能够跟随你，就是基于这种趋利心理，希望能通过跟随你来获得利益。虽然这常常只是远景，但毕竟是一种希望。就像人们常说的那样，只有想不到，没有做不到。当我们想到别人想不到的，就会在别人面前展现我们的高度。

很多人有能力，但他们只会埋头干实事，却不会去设定高远的目标，制定周密的计划。那些缺乏高度的人就需要我们为他们提供行动指南。很多人觉得，设定长远的目标有什么难的，我也会！但你真的会吗？很多人所说的会，往往就是等别人提出之后他才这么觉得，但是别人没提出来之前，却不一定会有这样的意识和想法。即使潜意识里有这样的想法，也不会去认真地对待并着手去实施。很多人虽然想到了，但是做都没做就将自己的想法否决了，认为完全不可能，觉得自己是在胡思乱想。这同样是一种能力，它代表着你是否有创意和前瞻性，在别人没想到之前能想到。也代表着你是否有这样一份足够的自信，相信自己有足够的能力去实现理想，这些都将决定一个人是否有高度。

由此可见，高度将决定一个人心胸的博大程度。不管是做事还是做人，拥有足够的高度，能够让我们不被那些琐屑所扰，将那些无关紧要的得失放在一边。这也是笔者一直强调的高度的重要性。要想成为一个优秀的团队领袖，首先就要站在一个团队的高度来思考问题。

我们知道，销售是一个很需要经验积累的行业，可以说绝大部分团队领袖都有基层业务员的经历，一旦你成为团队领袖了，你就必须要让自己拥有这样的高度，当你站在这样一个高度上想问题时，那么你的心中就不仅仅只是想着自己的一亩三分地了，而是整个团队的利益，团队成员也不再是和你竞争的对手，而是和你共同追逐团队目标的战友，这正是我们常说的"屁股决定脑袋"理论。如果你胸中无法包容下整个团队，你也不可能带领好一个团队。

如何修炼格局

1954年,有个人发现一家餐馆生意非常火爆,仅牛肉饼就让很多人心甘情愿排队4小时。他向店主建议开设分店,被执掌的两兄弟以离家太远为理由拒绝。于是他提出自己来开分店并提供分红的建议,在六年里,他拥有了这家餐馆的280家分店。1961年,这个人向两兄弟买下餐厅主权,成为这家餐厅唯一的主人。这人名叫克洛克,这家餐厅叫麦当劳,后来的故事大家都知道了。这就是格局之分。

有一句谚语:再大的烙饼也大不过烙它的锅。意思是:你可以烙出大饼来,但是你烙出的饼再大,它也得受烙它的那口锅的限制。你未来的人生就像这张大饼一样,是否能烙出满意的"大饼",完全取决于烙它的那口"锅"——这就是所谓"格局"。

"格局",是一种重要的受益终生的思维方式,最初是从棋术概念里衍生出来的。大师级棋手和普通棋手的区别在于,后者想一步走一步,前者走一步想十步。

如果将人生当成一盘棋局,那么人生的命数就由这盘棋的格局决定。人类的历史进程上,每一次巨大的变化都是因为一个领袖的诞生。这些领袖往往有着人间少有的格局和气量。具备这些素质的人,往往有着极其强大的人格魅力。职场上,有些领导天生就让你愿意为其做事,因为潜意识里你知道,跟着他一定能走对路。而这些领导所自带的气场,就是其格局所带来的。

比如整天想着改变世界的埃隆·马斯克(Elon Musk),发明贝宝(Paypal 最大的网上支付公司)、推出环保跑车特斯拉(Tesla),还创立了 SpaceX 太空探索技术公司。他在努力改善地球的环境的同时,还在造飞船探索宇宙。当你和别人拼手段的时候,人家已经在拼格局了。

一个人的格局,取决于他的视野、胸怀、胆识等等心理要素的内在布局。保持独立的人格,拥有独立思考与判断是非的能力,坚守为人处世的原则,不断获取新的知识,站在问题的高度来思考问题,你自然就会形成大的格局。

那么,作为职业经理人、团队领导人,你应该如何修炼你的格局?笔者认为应该从 8 个方面的认知提升来修炼你的格局。

1. 环境变化的认知。环境变了,一切都得变了。问题在于,我们看到的是表象,还是本质?我们看到的是泡沫,还是环境变化的趋势?我们看到了有利的一面,还是有害的一面?

环境变化的可怕在于:往前看,很慢;往后看却很快。每年的变化,很小;30 多年的变化却很大。

2. 营销的认知。即使是从事营销的老手,也要重新认识营销。因为传统营销缺了两个关键点:一是创造价值,二是实现价值。过去的营销，销量就是价值，只有制造没有创造。现在的营销，如果没有创造，就失去了价值。

3. 市场周期认知。产品周期、企业周期、产业周期、经济周期，研究规律的学者都成了大家。周期是有规律的，规律是可以把握的，周期是周而复始的。把握周期规律不仅能防范风险，更能抓住机会。掌握周期规律，就能提前预测，提前布局。在外行眼里，就是诸葛孔明附身。

4. 战略认知。不要认为战略是老板和高管的事，战略是看问题的视角。最好的是做到战略引领，最差也必须跟上市场周期变化的步伐。在此基础之上，才有所谓的竞争战略。事实上，"战略"是中国企业用得最滥也最差的管理概念。

5. 使命认知。正像不是所有人都能够成就卓越，也不是所有企业都能够做大做强。虽然没有可能都成为行业龙头企业，但只要经营得法，所有企业都可以生存得不错。这才应该是所有企业共同的追求。

中国人和中国企业最有使命感。这种使命感有时会使得结果和预期南辕北辙。我们提出企业经营层次这个概念，目的是希望能帮助企业认清自己的位置，实事求是，恪守本分，别对自己拔苗助长。

6. 机遇认知。风来了，你没站在风口，机会就不属于你。手中无资源的职业经理人，没有机会或者机遇，发展无异于逆天。市场的机会，提升的机会，创业的机会，许多能力不如自己的人因为抓住了机会，而实现了超越。

7. 老板认知。你能走多远，取决于你与谁同行。即使智慧如诸葛亮，也照样扶不起阿斗。职业经理人，既存在着如何选择老板的问题，也存在与老板如何相处的问题，还存在着如何改变老板的问题。一切皆因老板是资源的拥有者和分配者。

8. 高管认知。认知自我比认知环境和其他人更难。我们认为中国企业的老板和高管们，如果不首先反省自身，不系统地提升自身的经营能力，多数企业，无论是中小企业，还是龙头企业，都很难从低迷中走出来。

需要特别强调的是，我提到的高管既包括职业经理人属性的高管，也包括处于经营之中的老板，是指那些掌握和决定企业命运的人。之所以如此，是因为中国企业的所有权和经营权整体上分离程度还很低，资本阶层的力量在中国企业的经营管理中，还占据着绝对的控制地位。短期的经营业绩或许是由职业经理人阶层决定的，但企业的命运却仍然掌握在老板阶层。

有大格局才会有大队伍

俗话说:"你的心有多宽,你的舞台就有多大;你的格局有多大,你的心就有多宽;放大你的格局,你的人生将不可思议。"大格局,即以大视角切入人生,力求站得更高、看得更远、做得更大。大格局决定着事情发展的方向,掌控了大格局,也就掌控了局势。

象棋对弈中,舍卒保车、弃子取势等种种招数,就如同人生中的博弈,赢家正是那些有着先予后取的考量、统筹全局的高度,运筹帷幄而决胜千里的人。

习近平总书记曾指出,如果一个人心里装的是国家、民族和人民这样的大格局,有崇高的理想信念,人生的舞台就会宽广无限,生命也能绽放出绚丽之花;如果心里装的是自己的"五斗米",格局小,就容易固守狭小的利益藩篱、患得患失,成就不了大事。

内心格局大,人生方向感便强。爱因斯坦说过:"我从来不把安逸和享乐看作是生活的目的——这种理论,我把它叫做猪栏式的理想。"如果活着只知道吃喝玩乐,工作只是做一天和尚撞一天钟,那就如同行尸走肉。内心格局大,复杂的工作生活能变得简单起来;内心格局大,即使再忙再累也能从工作生活中找到快乐,朝着理想的方向不断前进。相反,如果内心格局小,一遇到困难和风险,就容易退缩、裹足不前,什么事都做不好,人生失去方向。

内心格局大,更有条件战胜挫折。人生不可能顺风顺水,遭到挫折是必然的。内心格局的大小,决定一个人战胜挫折的能力。人顺境时或许感觉不到内心格局大小的重要性,但一遭到逆境,格局大小的差异就立马显现。格局小的人很容易被困难和挫折击倒,因为他们心里就只装着眼前的得失。相反,内心格局大的人,眼光长远,他们把困难和挫折当成生命中的一部分,在战胜困难的征途上,他们越挫越勇,变得更加强大。长征中,红军将士在艰苦卓绝的环境里,缺医缺药,缺衣缺粮,但他们仍然满怀激情。

内心格局大,就能有大担当。有多大担当才能干多大事业,尽多大责任才会有多大成就。许多老一辈共产党人才华横溢、家境殷实,他们原可以过安逸的生活,但是他们却为了民族大义,选择投身革命事业,经受战火中生与死的考验。为什么?因为他们心中有大局,有对国家命运的大担当。

内心格局大,才能领导大队伍。刘邦和项羽,从军事领导力上看,项羽远胜于刘邦,巨鹿之战,破釜沉舟是何等气概;从兵力配置上看,项羽手下强将如云,整体实力也优于刘邦;从智囊团上看,两者各有张良、范增,也不分伯仲。所以若综合三方面而言,项羽的楚军是远远强过刘邦的汉军的,但为什么最后自刎乌江的不是刘邦,而偏偏是项羽呢?刘邦自己说过"我文不过萧何、治国不如张良、行军布阵不如韩信,但三人皆为我所用"。再看看项羽,手下纵有范增、英布这样的文臣武将,但最终还是一败涂地。只因他不像刘邦那样胸怀广阔,单单为一个名义上的"西楚霸王"惹得众诸侯心生叛意,倒戈相向。事事以自我为中心,刚愎自用,范增屡次进谏,但最后还是在鸿门宴上放走了刘邦;而更可怕的是,项羽坑杀了缴械投降的三十万秦军,使他的威信声誉瞬间丧失。

管理企业和团队亦是如此,如果你想吸引那些优秀的销售人才加入你的团队,跟着你一起干,你就必须有格局,格局大才能有担当,有担当才能赢得追随者,队伍也自然就会越强越大。

除了格局,你还要有高远的目标,如果你的业绩目标三五万,就没有人愿意跟随你,因为他们自己就能实现这个目标,为什么还要替你打工呢?既没前途,也没钱图的事情没有人愿意干。如果你的目标是三五十万,也许会有一些平庸之辈跟着你;如果你的目标是三五百万,才开始对那些销售人才有所吸引;如果你的目标是三五千万甚至是挂牌上市,才会吸引那些销售精英加入你的团队。不管现实的结果如何,至少你自己首先就要有这样一个目标,并为此做出实际行动,只有这样,这至少让你拥有了获得成功的机会,大家能从中看到发展的希望,才会跟随你一道发展事业。

曾经有一个禅宗的故事说：弟子去问师傅，他说："师傅啊！你看人的年华都差不多，我们的身量也差不多，为什么说有的人心大，有的人就小呢？"他师傅说："你现在把眼睛闭上，用你的心给我造一座城池，然后讲来给我听。"这个弟子就闭上眼睛，想啊想啊，想了一座巨大的城池，宫墙万韧，护城河深深，在那个城中，平台楼阁，花草树木不亦而丛。他自己想的纤毫毕现，很大很大的一座城，然后娓娓道来，一点一点描述给师傅听。师傅听完不动声色跟他说："你现在再用你的心给我再造一根毫毛。"他又闭上眼睛想啊想啊，造了细细的一根毫毛在那里。他说："我也造好了"。这时候师傅问他"刚才你给我讲了那么大的一座城池，那完全都是你自己的心造出了的么？"徒弟说："当然是啊，那么大的一座城，你看又没有人提醒我，就是我自己想啊想啊，想到那么大的。"师傅又问："那你刚才又造了那么小的一根毫毛，用的是你全部的心吗？"弟子说："当然也是全部的心啊，我在想那毫毛的时候也不能想到别的嘛。"这句话一说出口，他就顿悟了，他就明白，人心真有大小之分。这个大与小不是物理意义上的一种考量，而是我们的心记载多大的事情。

如果一个人的一生，想要在这个世界上去建立城池，你用三两年去修座桥，再用三五年去修座房子，一直去做，一直在建立，那么你的心就会无比的辽阔，什么小峰小坎都过得去。人心就是如此，心大心小决定了我们面对世界是什么态度，也决定了你的未来发展。

格局，就是磊落坦荡、无私无畏和志存高远的品格；就是不为一时之利争高下，不为眼前小事论短长的气量；就是宠辱不惊，笑看庭前花开花落的风度；就是不管风吹浪打，胜似闲庭信步的豪迈……

一个成功的领导者，一个伟大的领导者，他不仅仅具有个人才华，更具备着广阔宽博的格局。现在，很多优秀的重要领导者，他们所倡导的基本都离不开两个字："格局"，以"格局"赢"天下"。

吕维林：直销潜力无限 系统致胜未来

正德国际系统创始人

直销系统建设专家

直销市场十大领军人物

荣获"2012最受尊敬的中国直销创富教练"

"2013亚太区最具影响力的直销风云人物"等荣誉

  吕维林是直销行业的风云人物，严肃而不失幽默、健谈而不浮夸，一身笔挺的西服，略带几分文雅。你说他是商人，他骨子里透着东方文化的内蕴，你说他是文人，睿智与锋芒紧随其身。苍茫的黑土地养育了他，也造就了他一副天生不服输的性格。在他身上，东北汉子特有的凌然大气悄然可见。对待事业，他更是坚韧不拔，一路开拓。进入行业二十多年中，曾经创造了三年100亿元的业绩，带领出一批行业成功人士，仅用一款产品就塑造过行业第一的神话。

  他认为，系统是一个品牌，也是成功的保障；系统是一座没有围墙的大学，也是您成功路上的加油站；系统是您前进的路标,是您成功路上的导航仪;系统具有统一的价值观,统一的思维模式和行为模式;让您在最短的时间里,最准确的复制同一个声音。借用团队的力量,形成群体效应,拉开和保持强大的团队动势。通过长期的实践,形成完善的培训体系,从而解决各类问题,进而形成适合团队发展的核心文化,帮助更多人实现梦想。

系统与文化

吕维林能在行业内叱咤风云的法宝是系统化运作,2017年对于他来说是直销事业的又一个里程碑。因为此刻的吕维林对直销的理解又有了新的升华,曾经他用模式、产品和服务,在直销行业打出了一片天空。但随着人们消费观念的改变和直销系统的发展,他明显感觉到,如今随着互联网思维的影响,直销环境已经发生了深刻的变化,直销模式也变得越来越务虚和复杂,从业人员的心态也愈发浮躁。因此,简单的产品和模式的复制无法留住更多的合作伙伴和消费者。

环境的变化给直销系统的运营带来了新的挑战,对于时局的改变,吕维林经过深思熟虑,果断地改变运营策略,重新塑造系统的品牌和理念。他认为未来团队的竞争一定是文化层面的竞争,只有文化才能留住人心,让大家沉下心来为共同的理想坚持到底。因此,他在系统文化的打造上投入更大的精力,一个全新的正德国际系统便应运而生。

为什么叫正德系统？吕维林认为，在当下行业浮躁，各种炒作盛行的情况下，作为有行业抱负，具备行业责任感的从业者，一定要弘扬正气，德行天下，没有德就不能感悟事业的价值，没有感悟，积累的财富也就没有意义。因此，吕维林一直在努力把传统文化、国学文化融入到系统团队的建设中，运用到直销理念当中。不能任由负面的因素影响直销事业的发展，也不能简简单单的卖产品、讲制度，要放大格局，让文化引领直销事业的发展。

创新思维

只有创新才能发展。一个企业也好，包括一个系统也好，如何去创新呢？特别是在直销的领域如何去创新呢？吕维林认为，一定要运用好现代互联网的工具，对于新人开发市场和陌生市场的开拓都起到决定性的作用。

在互联网思维下，全社会、各领域都发生着巨大的变革。这对于以往以地面运作为主的传统直销模式来说，已经明显感觉到不能适应当下消费模式的改变。市场营销层面急需与时俱进，采用现代直销运营理念，线上、线下齐头并进，才能让新人和所有会员在市场运作上占据主动权。

在直销行业，有这样一种现象，好像很多人一不小心，就会成为直销难民。而这些直销难民是怎么产生的？很多人认为这是直销的先天缺陷，只有领导人赚钱，会员赚不到钱，成为难民就是宿命。而吕维林则认为,直销人员不是天生的难民,只是后期的市场开拓成本(培训费、差旅、会议费、门票费等)超出了你的承受标准。如果引入互联网思维,善于运用互联网社交工具开拓市场,能很大程度上降低市场开拓成本。同时加上互联网传播速度快、覆盖面广的特性,能达到事半功倍的效果,早日拿到理想中的结果,避免了所谓的难民的产生。

所以,在正德国际系统中,逐渐淘汰传统直销运营的思维,通过线上、线下的结合,达到了很好的效果。据吕维林介绍,正德国际系统中有很多优秀的会员,收入几十、上百万,都是借助互联网工具运作的,有的会员几乎都没怎么出过门,就拿到了理想的结果。

正德国际系统经过不断的探索,如今不仅是市场开拓,甚至是招商会议、系统教育、讲师培训等版块都可以在互联网上完成。但吕维林强调,事物没有完全绝对的,互联网模式虽然效果好,但不是适合所有的人,仍然还有很多人不习惯这样的开拓模式。

互联网运作实际对一些新人和年轻人,对他们还是起作用的,真正的老鹰往往不完全依靠网络运作。老鹰还是有做地面的习惯,今天这个行业你不是经营一群人,你是经营人才。如果没有人才,你有多少人都没有意义,也就没有市场竞争力。

成功的直销人一定是有阅历的。年轻人比较感性,年轻人没有压力。所以他做也可以，不做也行，不行还有父母在。所以不像 60 后、70 后的人，他们上有老，下有小，肩负着家庭责任，他必须做好一件事或者做好一个公司，拿到结果。而年轻人不是这样，年轻人比较感性，活跃性比较强，想干就干，不干就不干。然而今天在市场当中你没有年轻人还不行，因为很多会议都需要年轻人来推动。所以吕维林认为，今天在这个行业里面一定是年轻人，中青年，或者说新人、老人比例要协调。

所以，线下活动也不能完全舍弃，还是要线上、线下互相配合，发挥各自的优势，才能让团队成员各尽所能、各取所需，共同实现团队业绩的最大化。

最佳创业平台

直销是一个以创业带动就业的模式，因此它最显著的特点就是自主创业。当然，创业有多种选择，你可以选择传统行业、可以经营实体，也可以选择互联网创业，而在众多创业模式的对比中我们发现，直销对于创业人群有它独特的魅力。首先，直销是一种开放的合作模式，对于创业者来说，它没有成本、学历、个人素质、专业以及其他能力方面的硬性要求，只要你有一颗创业的心，就可以在直销行业里找到实现创业梦想的机会和方向；其次，直销是一个政策导向和趋势性的行业，从政府部门对直销行业的监管和引导的政策中，我们很容易就能读懂，国家对直销行业的重视以及明确的规范化经营的管理态度。因此直销行业的发展方向是清晰的，就是法治、规范、稳健发展；最后，所有直销企业都有另外一个标签——大健康。在政府的大力倡导下，健康产业正在成为国民经济的支柱产业，其涵盖的万亿级产业规模也折射出直销行业未来的光明前景。

以上是吕维林从宏观的角度所理解的直销作为最佳创业平台的观点。除此之外，直销还有其更加独特的魅力，例如：直销是通过一个企业撬动全产业链的模式，这是直销最独特的魅力，有了直销模式，我们就不用费心考虑公司该怎么注册，产品该如何研发、生产，原料从哪里采购，工厂要设在哪里，要引进什么样的生产线，品牌该怎么经营，公司该怎么运营，售后该如何服务，等等一系列琐碎的问题。企业都帮你弄好了，你只需要选择一个适合你的企业平台，做好分享，照顾好你的客户就可以了，因此创业就变得更加简单。

共享经济是目前社会经济领域比较时髦的一个词，而直销本质上就是共享经济，也是政府大力倡导的节约型经济发展模式，是社会发展的趋势。从滴滴打车，到摩拜单车，我们享受到了共享经济给我们生活带来的便捷，也感受到了共享经济独特的魅力。那么直销是不是属于共享经济的范畴呢？答案是肯定的。摩拜单车，我们共享的是单车的使用权；直销，我们共享的是企业的经营权。

在吕维林看来，人生无非就是两大需求：第一，健康；第二，财富。但是这两大需求在哪个行业能同时得到呢？只有在直销这个行业。在其他行业可能赚到钱了，却没有健康；有的得到健康了，但是未必得到一些结果，只有直销这个行业既有健康，又有财富，同时又提高了全民的素质。所以说通过直销这个平台既传播健康的理念，又获取了不菲的财富。

发展与务实

自中国经济进入"十三五"规划以来，带动经济发展的三驾马车中，出口和投资已经出现了疲态，而消费则成为了带动经济发展的重要引擎。消费潜藏着巨大的商机，直销是一个消费型的行业，众多直销企业已经站在了"消费风口"的最前沿。

因此，吕维林对直销行业的未来发展始终保持非常乐观的态度，在国家不断的引导和调控中逐渐走向成熟。从目前的从业人员的基数上看，直销人在全国人口比例中还占很小的一部分，甚至万分之一都不到，中国人口这么多，消费市场这么大，直销未来必定会迎来一个全民参与的井喷时代。

所以，行业目前最需要的是完善从业环境，对于跟直销行业息息相关的各个层面，例如政府监管部门、企业、市场从业人员、媒体及其他行业支持机构，要从自身角度正确面对行业发展中所出现的问题，理性思考，正确对待，一切以行业稳定健康发展为方向，从而塑造一个理性、包容、可持续的发展环境。

为了肃清虚拟盘、资金盘甚至是非法传销活动对直销行业的不良营销，自 2017 年以来，商务部、工商总局、公安部等部门分工协作、加强配合，努力为直销行业创造良好的发展环境。商务部积极推进简政放权，例如第六大类直销产品的开放；简化直销审批流程，加大审批政务公开，定期发布行业发展报告，提高为企业和社会公众服务的水平等等。工商总局创新监管模式，加大对企业的行政指导力度，引导企业认真履行社会责任。公安部严肃查办违法犯罪案件，维护直销市场秩序，促进了直销行业健康发展。

自从直销行业两个《条例》颁布以来，这十二年中，直销行业的发展速度还是很快的，目前已经有 90 多家企业拿到了直销经营许可证，但是最终能立足这个行业的一定是要具备实力和影响力的企业，如果没有一定的实力和一定的竞争力的品牌企业，还是很难立足行业的。随着参与直销的企业越来越多，竞争也会更加激烈，对于经销商如何选择一家企业合作，就变得越来越重要。所以，一定要用发展的眼光去挑选企业合作，结合市场的发展，要有长远的眼光。

综上所述，吕维林认为，直销行业的发展是大势所趋，直销行业的永续经营是众望所归。一个有人情味的行业才会聚人气，聚财气；一个有道德坚守的行业才会让政府放心，消费者安心；一个健康稳定的行业才会让经销商永续经营，企业永续发展。

正德国际系统在吕维林的带领下，以行业发展为己任，以合作伙伴的成功为目标，不忘初心，坚定前行，拥抱中国直销的大未来。

张志军：倾其所有守直销，重构行业生态圈

世界直销（中国）研究中心专家委员
钻石国际创办人
安然决策委员会委员
钻石国际3000万非凡成就名人
所带领的系统曾荣获"2016年度中国直销风云系统"
个人也曾荣获"卓越系统领袖"的荣誉。

让笔者未曾想到，这位在全国开过巡回演讲超过3000场次，直接受众人群100万人的超级演说家和直销领袖，曾经是极具绘画天赋、在大学就开过私人画展的文艺青年。

作为一个对直销有着独特情怀和至高理想的张志军来说，自1990年雅芳登录中国，直销行业在中国已经发展了27年，张志军也陪伴直销走过了18年。18年来，他用画家的天马行空和艺术家的专注，投身备受争议的直销界，造就了一代直销英雄，也成就了他的一番伟业。

从小梦想是当一名画家，办一场自己的个人画展的张志军，2016年底，用不到五年时间，钻石国际系统已经培养出了100多位年收入百万元以上的非凡成就名人，2017年3月，

钻石国际在新疆举办五周年庆典，超 200 辆劳斯莱斯、宾利、保时捷等豪车排成长队，8000 人共同见证钻石国际的荣耀时刻。钻石国际也成为了实至名归、名震中国直销界的"风云系统"。

六年来，钻石系统以"规范、健康、专业"的方式打造了一个永续发展的财富通道，他们用辉煌的战绩成为推动安然直销事业路上的中坚力量。在张志军看来，能在短时间内取得令人瞩目的事业成就，除了充分利用安然的事业平台外，钻石国际系统也十分注重内部提升。

钻石国际更像是张志军此生唯一的作品，每一笔勾勒出不一样的直销世界。

绘画艺术家，投身直销界

18 年的行业经历，他用"专业、坚定、追求责任"的精神，为新一代直销人树立了直销行业的标杆；解读他的从业经历，他用当下最稀缺的三种精神"使命、理想、信仰"为更多的直销新人做出了榜样。他曾经在安利做过五年，在如新做过五年，前期的十年直销之路，也成就了非常宝贵的财富经验。

在张志军投身直销界之前，还是一家文房四宝店的老板，生活和工作都充满艺术气息。张志军从小就极具绘画天赋，曾经在学校举办过私人画展，引起不小轰动。毕业后，张志军曾在一家油田公司工作，但他始终不忘自己的兴趣爱好，希望从事与绘画相关的工作。

1996年，张志军发现了字画装裱机这个商机，他果断借五万元钱，去河北学习了40多天，回来创办第一家店，不到3个月，前期的投资就全部赚了回来。初次接触商业，张志军便开了个好头，靠第一份生意站稳脚跟后，他信心大增，开始追寻更为广阔的财富天地。

细心考察加上大量的前期调研，张志军决定切入古玩字画。一来可以继续与字画打交道，在艺术殿堂中升华成长；二来也可以利用新疆当地的人脉资源，继续蓄积财富。因为对事业的热情，加之张志军出众的经营能力，很快，他便开起一家文房四宝的装潢店、一家画廊及一家茶楼与画廊结合的店。当时克拉玛伊图书馆旁边一整层楼都被他租了下来，可谓事业辉煌，前程似锦。

就在2000年，在传统行业已经颇有建树的张志军，从朋友那得知了直销行业，被直销行业的经营模式所吸引，从此踏上直销行业一直走到今天。

邂逅安然，缔造非凡

如果说十年的安利和如新生涯，让张志军在直销事业上打好了地基，那么安然公司则是为他插上了腾飞的翅膀。

2012年张志军选择了同样具有民族直销精神和气节的安然纳米公司。借助安然公司的直销春风，钻石国际系统爆发出势如破竹的成长速度。短短几年时间，已然在建立好发展大本营的基础上，迅速扩张，将创造卓越的火种播洒到全国各地，为系统前行开辟出一条康庄大道。

2012年，张志军正式在新疆扛起钻石体系（2016年升级为钻石国际系统）的大旗，借助安然的直销东风，为他的梦想插上了腾飞的翅膀。

2016年底，五年的时间，钻石国际系统已经培养出了100多位年收入百万元以上的非凡成就名人，钻石国际也成为名震中国直销行业的"风云系统"。

2017年是钻石国际下一个五年的新节点，钻石国际突破了商业模式的极限、价值观的极限、组织架构的极限、人才精英的极限，超额完成各项目标，成为中国直销团队的标杆和榜样。

第二个五年，张志军依然以他多年的直销梦想"让直销高贵起来，让直销人富足起来"为目标，沿着进军"北上广"再推行至全国的路线，建设自己的"黄埔军校"，要在北京、上海、广州、新疆等四个地方建设最少20000平米以上的运营中心。

同时，吸引精英阶层的人士加盟，致力于培养出1000名千万以上创办人家族成员，通过这些优秀火种，把钻石国际系统的精彩扩散到全国，甚至其他国家和地区去。下一个五年，张志军计划带领钻石国际突破200亿的业绩。

核心领导力决定团队的生命力

从 2012 年初钻石国际的问世，到 2017 年近 6 年的时间，钻石国际系统已经成为了安然公司的王牌系统，截止 2017 年，目前市场业绩占据了公司 60% 的市场份额。钻石国际之所以能 6 年长盛不衰，这跟张志军所带领的方法有很大的关系。

钻石国际系统并不只注重教授成员开展事业的方法，还会花大量的精力在大家的从业心态、价值观培养、领导力培训和格局提升上。精准的定位，加上始终如一的行动布施，让钻石国际系统在发展过程中不断集结能人志士。在他们当中，擅长市场开拓、教育培训、产品讲解、情绪梳理的各有其人。而毫无例外，这所有人都在系统中发挥了各自的优势。有了这个基础，钻石国际系统成员表现出超强的凝聚力和向心力，大家抱团发展，攻城略地，战无不胜。

在张志军看来，直销团队不仅能稳健快速的发展，还能保持旺盛不衰的生命力，远远不止于这些。直销团队的人群，来自不同的阶层和年龄段，在张志军看来，团队成员可以分成三类，一种是新人；第二种是老人；第三种是团队的核心领导人。新人是一张白纸，只要其不断学习、照常复制就可以成长；而老人则是在行业或是团队有一些经验和想法，自主和自我性会比较强一些，那么这类人需要慎重对待，因为他们的正能量和负能量很容易影响其他人；第三种就是核心领导人。团队核心领导人对团队能否稳定长久性起到了决定性作用，只要领导人一步错势必影响大局。核心领导力决定团队的生命力。培养团队核心领导人保持职业素养和专业技能，系统创办人更不可掉以轻心。

一个伟大的决策，改变直销行业生态圈

在世界经济中，流传着一个二八法则的定律。所谓的二八法则，在常人眼中，就是百分之二十的人赚百分之八十人的钱，这仿佛成为了一个社会的经济规则。而直销为什么吸引这么多人进来，就是它完美地规避了社会经济配置的二八法则，直销是复制的事业，只要准确复制，那么所有人都能在这个行业成功。

直销的制度看似无懈可击，但在张志军看来，直销行业在中国走了近30年，如今依然还不被大众认可，正是因为它存在着各个方面的漏洞。比如，表面上它看似了跳出了二八定律的怪圈，其实未然，直销行业也依然存在着二八定律的准则，甚至穷人养富人的陋习。

在钻石国际系统，以最高领导人张志军为首，所有领导人有一个让人敬佩的履行准则，那就是不投资直销以外的传统产业。在张志军眼中，领导人的资金走向直接关乎着系统发展的长远。而直销行业的痛点，就是很多领导人赚了钱后没有花在直销产业。如果一个领导人在直销行业赚的钱，去投资传统产业，只能说明几个问题，他对未来的不自信，如果

一个领导人自己都不自信，那么他如何去带领新人做得更好；如果领导人将所赚的财富，转嫁到传统行业，那么直销的未来，又在哪里？

而在这个行业中，很多赚了钱的领导人，并没有用太多的心血和资金去扶持行业，没有真正去投入和用心建设，而让赚的钱在传统行业留了一条退路。

没有斩断后路，哪里来的未来出路。如果领导人将这笔投入的资金，转嫁在新人身上，这就是典型的穷人在供养富人。这是张志军最不想看到的，也是这个行业最大的悲哀。

在钻石国际系统，这种现象张志军在六年前成立钻石体系时就已经规避掉了。他们不仅在全国各地都投入资金和心血，在北京、上海、新疆等多地由领导人共同合资打造的500和2000平米的会场，为直销人率先做好了榜样。这也是钻石国际能够长达六年长盛不衰的财富瑰宝。打造一条真正的直销系统产业链，大家全情投入在这个一起搭建的舞台上绽放光彩，也许这才是直销行业"一家人、一条心、一辈子的"诠释。

从钻石国际系统创办的第一天起，张志军就下定决心，一定要用理性、责任和梦想这几大关键词书写未来。坚持用最正统的方式，推动系统不断向前。因为钻石国际系统不仅肩负着帮助更多追梦人实现人生价值的责任，同时也肩负着让直销伟大起来、让直销人受到尊敬的社会责任。当然，钻石国际系统亦或值得尊敬，我们理应向这样的系统致敬，因为这个伟大的决策，或许正在改变直销行业生态圈。

杨文辉：直销大舞台 成就大未来

吉赢国际系统创始人
直销行业资深经销商
中国实战派营销专家
著名直销培训教练、演说家
荣获"2016最具追随价值的直销领袖"荣誉

绿叶集团吉赢国际创始人；直销业资深经销商；曾任八年的国营企业负责人及八年的巨人集团营销经理。2002年关注直销，2008年加盟安利公司耶格系统，用三年的时间达成安利公司翡翠级别，2015年选择苏州绿叶公司，曾荣获"2016最具追随价值的直销领袖"荣誉。

杨文辉与直销

很多人对杨文辉的感受是，他思路清晰、表达明确且富有感染力，是一个不可多得的演说家。

让杨文辉在营销领域快速成长，是他在巨人集团从事营销工作的那八年。通过查阅资料发现，巨人集团内部发行的《巨人报》上，多次刊登过杨文辉的成功事迹。通过他自己的勤奋和营销方面的悟性，把一个在集团排名倒数的区域市场，逐渐培养成业绩卓越，成长速度最快的市场，创造了在一个考核期内业绩增长22倍的营销佳绩，他本人也从一个新兵逐渐成长为巨人集团明星营销经理。巨人集团的经历不仅成就了他在营销领域的第一次成功，也积累了丰富的营销实战经验，为日后在这一领域的更大发展奠定了坚实的基础。

从2002年开始，他在工作中接触到直销，开始主动涉猎直销方面的知识，并对这种先进的营销模式产生了极大的兴趣，开始关注和研究直销行业的现状和发展，但出于慎重起见，他始终没有真正从事直销行业。

2008年，经过深思熟虑后加盟了安利公司，并选择耶格系统作为自己直销生涯的开始。在耶格系统的几年中，他接受了正统直销理念的教育，并在最初的直销实践中运用耶格系统成熟的运营模式让他少走了很多弯路，多次荣获演讲比赛的一等奖，并通过三年的努力达成安利翡翠级别。出于对直销的热爱，在工作之余他会花更多的精力研究直销行业的发展和总结开发市场的得失，逐渐形成了一套自己的直销实战理论体系，成为一名具备理论、实战和团队管理能力的直销领导人。

如今，算起来他与直销结缘已15年之久。所以，我们能清晰地感受到他对直销事业的热爱以及对直销行业的深刻理解。

"选择大于努力"是杨文辉多年从事直销的理解，随着直销行业的不断发展,参与直销的企业越来越多,直销模式也在社会飞速发展中不断的创新和变革。如何选择一个适合自己的,具备业绩快速增长潜力和时机的企业,是所有直销人首要考虑的问题。在充分考察和论证之后,苏州绿叶公司成为了他最终的选择。

这是一家已经拿到直销牌照的公司。为了坚定地走直销模式,苏州绿叶公司投入重金打造了现代化的办公大楼和产品生产线。多年的经营和发展,使得如今的苏州绿叶公司具备了强大的实力,凭借来自欧洲顶级研发力量和良好的产品功效,已经成为中国高端化妆品的佼佼者。

在苏州绿叶的平台上,杨文辉得以再次绽放,与众多志同道合的合作伙伴创建了吉赢国际系统,开启了系统化运营之路。

拥抱开放,避免浮躁

在杨文辉看来,随着直销行业的快速发展,一些新的直销人员的加入,当前的直销行业逐渐形成了截然不同的两大心态。对于在互联网环境下成长的年轻人来说,互联网电子商务的新营销板块对他们来说是与生俱来的,再熟悉不过,所以他们天生就是这一大浪潮的弄潮儿,他们进入直销行业,必定会带着互联网的思维去经营直销事业,他们会更加懂得开放、共享和融合。但是对于老直销人来说,如果一个团队没有文化,或者是正在建设的话，前景还是很艰难的。如果没有稳健的团队文化做铺垫，可能会在激烈的市场竞争大潮中很难去立足。

以上的两种心态，在杨文辉看来没有对错之分，他认为，无论是采取什么样的营销心态和策略，我们更应该关注服务这一块，"互联网+"也好，"文化搭台"也好，只是营销的工具。例如：马云的双11创造了912个亿的销售额，但第二天却出现了574个亿的退款，那一定是服务不到位，产品不到位，没有办法把控，所以接下来更多的应该关注的是服务和质量等方面，让更多的人心不要浮躁，能够沉下心来做事。

随着WTO国门的打开，市场经济深入发展，使得整个社会经济环境发生了翻天覆地的变化，创新成为一种新常态，新鲜、前卫的思潮不断涌现。在这个社会日新月异、科技突飞猛进的时代，人们往往会在不经意间迷失自我。

现如今，直销行业的发展更能体现当下社会环境的繁荣以及人心的浮躁。两年间，直销行业的企业数量翻了一倍；互联网思维的大行其道，也让直销模式变得五花八门。

从市场层面来看，在求大、求快心态的影响下，很多系统团队领导人逐渐丢掉了产品体验、产品分享的根本，把找项目、整合资源作为了开拓市场的不二法门。直销行业是崇尚复制的行业，榜样效应会让很多直销新人从一开始接触到不端正的直销观念和市场心态，让很多人一开始就误以为直销就是整合资源，投机取巧的行业。这种心态和运作方式如果不加以转变，将会使得整个直销行业走入前所未有的困境。

　　从企业运营管理的角度来看，浮躁的心态也随处可见。直销行业的快速发展，使得行业专业人才出现断层、短缺的现象，尤其是专业的职业经理人更为紧俏。因此，我们不会看到企业高薪挖人才，管理人员频繁跳槽的现象。有人才的短缺也使得一些优秀的市场团队领导人转型步入管理行列，而这一批人群市场强、管理弱的特点，使得很多企业没有长远的产业规划，没有可持续的产品战略，只能通过模式和概念去轰炸市场。这种唯业绩至上的做法，其实是整个行业浮躁的根源。

　　杨文辉认为，行业的浮躁还体现在营销模式上。最近直销行业比较热门的关键词应该当属"模式创新"，在互联网思维的带动下，直销行业的精英们躁动不安，求新、求变的思维让直销的模式也变得五花八门，都想用新、奇、特的模式成为行业的引领者。"直销+微商"、"直销+彐商"、"直销+云商"、"直销+众筹"、"直销+大数据"、"直销+保险"等，俨然成为直销可以加任何新生事物，其实这本身没有错，但很多模式创新者，往往过于倚重概念的推崇，弱化了直销本身的优势，使得概念和形而上的东西满天飞，大家都飘在空中，无法安全落地。

　　我们说物极必反，在线上炒作大行其道的当下，还是看到有一些企业开始布局线下实体店，这是一个非常好的趋势。在线上纷繁复杂，无所适从之后，很多消费者还是会考虑走进身边的实体店去体验、交流和互动，这是人类社会的本能。而实体店也会向着多样性、多功能的方向去发展，集销售、服务、体验、交流、物流终端、售后、延伸管理等众多功能于一体的社区多功能实体店，将会成为企业布局的重点。

因此，在人心浮躁的当下，我们需要一些对直销本源的回归；需要一些对企业及人生价值的坚守；需要一些脚踏实地的精神，让直销稳定前行、可持续发展，这也是杨文辉一直秉持的直销运作理念。

让直销回归本质

直销是从挨家挨户走访，面对面的销售起源的，100多年前，雅芳在美国开启了这种销售模式，不靠店铺，只靠销售员主动上门拜访做销售。一直到上世纪50年代，直销才有了今天的雏形，通过激励消费者的口碑相传，来推广产品和品牌。直销的奖金制度也由之前单纯的单层发展到多层的计酬模式。安利初始的模式是以"销售为主"，一直到70年代耶格提出了"80%的业绩来自团队的消费，20%来自零售"，才有了今天我们一直在说的"消费致富"的理念。

随着社会的发展，直销企业的经营模式，也从简单的直销，逐渐融合"电子商务"、"体验式营销"、"三网营销"、"微商"、"异业联盟"等，并衍生出五花八门的复合营销模式。产品也从原来的化妆品、护肤品、到保健食品、到小家电、到健康器材、到百科全书、到快速消费品、甚至奢侈品。市场的发展也从简单的一群人，发展到团队运营以及系统化运作。这样的发展让直销变得越来越复杂，越来越难以复制，无形中增大了普通老百姓认识直销、了解直销的难度。

而苏州绿叶带着"做国货精品、立业界典范"的宗旨，开创了以行业鲜少企业而为之的小单模式。在今天这个浮躁、唯利是图，甚至资金盘横行的大环境下，绿叶公司的经营理念与一直富有直销理想的杨文辉所见略同，他果断加盟绿叶创立了吉赢国际，并以小单消费为导向的模式迅速点燃市场。这也充分体现了杨文辉对当下直销行业的深刻理解，和对直销发展趋势的正确把握。他说，小单的模式规避了大单的风险以及浮躁的氛围，并让直销回归本源和理性，是为行业的稳定性、持久性树立了一个标杆。

2017年在杨文辉的引领下，吉赢国际在全国迅速崛起，并在系统内部成立了自己的讲师团，为2018年的系统商学院构建了强大的基础。他表示，把直销最正确和珍贵的东西复制下去，从而打造一条真正的财富管道。

共创直销大未来

据杨文辉介绍，坚守直销行业这么多年，是因为看到了直销在中国大陆地区的广阔的市场前景和无限的发展潜能。直销在全球，尤其是众多发达地区已经成为主流的消费模式，有着庞大的从业群体，而在中国大陆从业人员仅有1%。随着直销不断发展和变革，以及与电子商务和移动互联网的融合，用不了多久必将进入直销大爆发的时代。

在未来，除了回归产品，走进千万家庭之外，注重产品的品质和用户体验，也是未来的大趋势，在互联网思维大行其道的今天，用户至上、体验为王，就是"专注产品和服务的极致"+"优秀的社会化媒体营销"。直销经营模式将是中国未来最大的经济增长点，在美国70%的家庭从事直销，30%的富翁来源于直销行业；在欧洲，直销份额占50%；日本占60%；韩国占80%；在台湾2000万人口中有超过380万人从事直销，直销的经营模式将会成为21世纪中国营销市场的主流。

因此，在杨文辉的心中，直销是他一生的选择，在这个充满激情和梦想的舞台上，他希望与吉赢国际系统的所有伙伴一起全力以赴，迎接直销大未来！

万丈雄心平地起，吉赢腾飞正当时。历经行业十几载，杨文辉带着更加成熟的内心和稳健的领导才能，踌躇满志，勇往直前，他要凭借着绿叶这个平台和伟大的直销模式，希望在这一两年内，带出三万到五万的会员，创造一个属于自己，也属于吉赢国际人的事业巅峰，让更多的合作伙伴在吉赢国际的大家庭中体验创业的快感，体现人生价值，收获满满的成功。我们也相信这位在行业创造过诸多奇迹的领导人，一定能实现他今天许下的诺言。

梁伟峰：新零售风口下的直销跨界生态链

乐唛微咖商城创始人
联合剑队系统最高领导人
行业最具影响力青年领袖
2010年度最受尊敬的直销领袖
2016年度全球风范领袖

创造过几十亿的骄人业绩，成为业界最年轻芲、成长速度最快的领导人。有激情、肯付出是来自团队伙伴给予的赞美；年轻、稳重、睿智是来自青年才俊的特征。十余年的行业经验，让他的身上，有着无数的荣耀光环同时也肩负着团队无数人希望和使命。

因为是穷人的后代，励志要做富人祖先的他，25岁加入生态家纺事业，努力一年买上了人生第一辆越野车，第二年买宝马车，第三年买保时捷卡宴送给自己，并送给父母豪宅，不但自己很成功，还帮助带动了无数伙伴和家庭在这个行业里改变了命运。

一段峥嵘岁月，一篇创业史诗。他曾登过直销事业之巅，也曾团队发展遇到瓶颈。2013年，他加盟苏州绿叶，曾在绿叶公司所带领的系统一直保持公司业绩第一，荣升总裁人数第一，旅游车奖第一，举办会议规模第一！如今他再度率众位直销精英将与具有30年沉淀的老牌企业隆力奇强强联手，创立了联合剑队，共同打造乐唛微咖商城。立志从一个巅峰走向另一个巅峰。

如果在绿叶，他收获财富和梦想，突破了成长和蜕变；

那么，他创立的乐唛微咖，则是实现他的直销理想。

他是80后直销领军人物，现为乐唛微咖创始人、联合剑队系统最高领导人，成长的路上，并追求自我的风格，这就是梁伟峰。

出生上海，结缘直销

从初出茅庐，到成为直销界的中坚力量，再到行业影响力人物，他走了十年。

1983年，梁伟峰出生于上海一个农村家庭，繁华魔都之地并没有让梁伟峰成为人人羡煞的富二代。相反因为不甘心平凡所以选择自主创业，因为是穷人后代，励志要做富人祖先的梁伟峰，钟情于直销立志把不可能变为可能，化腐朽为神奇的事业。

25岁初入直销的梁伟峰已经展露锋芒，也展露了他卓越的直销天赋和领导才能，在短短两年内，通过自己的努力和学习，他把市场做到了全国，开回了他梦想中的越野车和保时捷。

2013年，在多方考察下，他选择加盟江苏绿叶集团，并创立了心系统。加盟绿叶的四年时间里，他一直以先行者的姿态，带领团队开拓疆域，一步一步地把市场做向全国。曾在绿叶公司所带领的系统一直保持公司业绩第一，荣升总裁人数第一，旅游车奖第一，举办会议规模第一！

英雄背后也有不为人知的秘密，成功背后也有辛勤的汗水和付出，每次面对从前的种种遭遇，梁伟峰每次都会轻松一笑，嘴角泛起一丝坦然。梁伟峰曾说，"我不是领导，我只是领跑。"

这一跑，梁伟峰在直销行业已经跑了近十年。

十年的时间，让他不再是初出茅庐的小青年，而是蜕变成了撑起直销一片天的卓越领袖。

如果在绿叶，他收获财富和梦想，突破了成长和蜕变；

那么，他如今创立的乐唛微咖，则是实现他的直销理想。

乐唛微咖与直销大咖

十年创业之路，起起落落，途经的时光就像书本的翻页，每一次页码变更都喻示着巨大的转变和新生。梁伟峰蒙荫着成功带来的巨大荣耀，而在经历了十年的职业生涯历练之后，给他所带来的不仅仅只是一个经验丰富的优秀领导和建立一支专业的营销团队，还有一个系统产业化的梦想。

对于梁伟峰而言，2017年是"页码更新"的年份，也注定是不平凡的年份。带着诸多光环，背负着更大的责任和梦想，梁伟峰做出了转战市场的决定。多年的行业经历，让梁伟峰站在了更高的起点也练就了更加成熟的内心。

就在绿叶公司事业如火如荼之际，在"大众创业、万众创新"的"双创"成燎原之势的中国，梁伟峰给业界来了个措手不及，他率领团队众将离开绿叶，与具有30年沉淀的老牌企业隆力奇强强联手，并和几个合伙人花重金共同打造乐唛微咖商城。

梁伟峰说，"这个乐唛微咖商城不仅仅是一种营销模式，它更多的还承载了一种直销理想。"

乐唛微咖商城以"高品质、低价位、大覆盖刚性需求"的产品，并复合多元的日用快消品保健品，化妆品，等生活中的刚需用品，结合线上线下O2O这种创新生态链商业模式就地展开。而就在乐唛微咖隆重问世整整六个月，已经在全国市场铺开，数千家店面已在全国各地登陆。

梁伟峰曾说："在直销这场艰苦卓绝的'创业战争'中，不仅体现了你的人脉、产品、商业模式，同时也体现了作为一个个体在这个时代中所拥有的价值观，信念与信仰。直销事业没有任何时间和区域的限制，而且具备事业发展的稳定性和时代的创新性。这两年，直销的业绩没有明显上升，正处于一个瓶颈期。想要在瓶颈区寻求突破，需要创新与跨界，跨界不是一种时髦，而是在激烈竞争中的一种强势的发展姿态，而乐唛微咖商城正在此时顺势而生。

迎合消费群体的刚需产品，结合新零售线上线下创新生态链的商业模式，乐唛微咖这个注定要在行业中成为搅局者的整合商业模式，集多种优势于一体，于行业中华丽转身，化蛹为蝶。也是乐唛锐意进取、迎合时代，迈向成功的重要标志，这种创新的商业模式，将是行业发展历史上的一个重要里程碑，这更是一条创新型企业做大做强的起跑线。

要做不仅仅做一位创业者，更要做引领直销时代的创业者，这大概是梁伟峰对直销的理想和诉求吧。

联合剑队与直销文化

十年直销情，梁伟峰的直销之路，已经不能纯粹的定义在物质层面上，更多的是来自于他对直销精神层面的诉求。就如梁伟峰所言，其实现在这个行业，已经让很多事业伙伴很有成就，早已进入中产阶层，早已衣食无忧，可以安逸享受，但是为了伙伴，依然与大家紧密地在一起。他们在一起早已不是比谁开的车更好，而是比车里谁的笑声更加灿烂，不是比谁住的房子更大，而是比房子里的人谁更加健康；不是比个人拥有多少财产，而是比谁能够有能力帮助更多人过上财富自由的美好生活。就是这样一群人，他们愿意把自己的所有都奉献给直销，也同样以此来淋漓尽致地发挥自己的人生价值。

　　能够做到如此，系统文化是功不可没。在梁伟峰看来，系统是一种文化，也是一种力量，更是一项人心工程。一个有文化的系统才有根基，才能吸引人才，才能留住人心。他所创立的联合剑队，从字面意思就能看出这是一支抱团、能征善战的队伍。在他的团队里，与一大批可信赖、可信任，相互欣赏、彼此尊重，能力相当且有相同团队精神的人才互相交流，互相帮助，为联合剑队建立牢固的人才基础。

　　在实际运作中，梁伟峰在团队中选拔人才，用专人做业务培训服务，规范经销商的销售行为，及时处理市场突发事件，为顾客做出解决其实际问题而设计的产品搭配合理化建议，并积极向消费者详细介绍每种产品的特点、功能以及注意事项等，为解决其生活问题和提升其生活水平提供服务。系统最重要的就是要做好基础工作，很多成功的系统并没有什么"武艺高强""独门绝技"，而是最注重基础。只有地基打好了，楼才能盖得高，盖得稳。联合剑队系统也一样，在梁伟峰的带领下不断的夯实基础，稳健地向前发展。

　　不可否认，创业时代已经悄然降临，成为社会经济发展不可或缺的主力军之一。直销创业不仅带动了经济发展，也繁衍了一批成功的"直销大军"。他们以自己独有的姿态走进"战场"时，更多的人抱着猎奇的态度观看着他们的一举一动。但不可否认，这些创业者正在书写着他们的创富神话。

当一个人将一往直前的勇气和高瞻远瞩的创新集聚一身，他所谱写的事业音轨即将响彻于天际。从 2008—2017 年，长达九年的创业经历，梁伟峰留给中国直销行业的不是一幅性平心淡的过来人模样，他正处在中国直销行业的风口浪尖，以 80 后的姿态引领着中国直销行业年轻化的时代趋势，也以自己的具体行动实践着"直销产业化"的事业未来。构建一个超前于时代，在世界范围内留下印象痕迹的民族品牌，这是梁伟峰对乐唛微咖的未来期望，那是他的直销事业终将抵达的彼岸。

侯砚军：中国直销的未来值得所有人期待

直销行业知名培训师
系统建设专家
康立全球 K 系统最高领导人
康立全球皇家皇冠大使

  1997 年大学毕业后，放弃教育部门工作的机会，毅然投身商海。十年商海沉浮，虽然生活得以改善，但当初想通过经商改变命运的理想依然遥不可及。2008 年是他人生的又一次重大转折，那一年他接触了直销行业，从开始的怀疑，到接受，直至后来的全力以赴。他又找回了创业的激情，凭着刻苦好学的精神，通过不断的学习和实践，逐渐掌握了直销运营的方法技巧，曾在几家公司获得过很高的聘位，成长为优秀的市场团队领导人。2010 年参与了商务部举办的关于企业培训师的培训，并顺利拿到国家企业培训师的资质。在直销行业的不断积累和成长中，积累了较深的理论基础和实践经验。曾为多家营销类公司培训，获得社会的尊重和行业的认可。

2014年，通过新康立总经理李厚军的引荐，有幸与康立全球董事长吴铭仁博士有了一席长谈，从而让侯砚军的直销事业进入快车道，三年中，厚积薄发，达成康立全球皇家皇冠大使，成为中匡区最高聘位获得者。

见解独到、条理清晰，是他给记者的第一印象；注重细节、追求完美，是他的行事风格；心怀苍生、挺起民族脊梁是他对直销的追求。回顾侯砚军20年的创业史，他弃政从商，再弃商投入直销界，每一次跨越，都是一次思想上的解放，也是一次命运的改写。

通过本次采访，让我们细细品味他的成功之道和对直销的深刻理解。

未来您一定做直销

随着社会的不断进步和繁荣，消费者被尊重的程度愈来愈大，这是市场竞争的必然结果。企业和商家使劲浑身解数，最终的目的就是想把消费者留在自己的平台上，谁拥有了消费者、拥有稳定的终端客户，就会在竞争中立于不败之地。

所以，在当下的社会，消费者地位变得空前的高，企业和商家不仅在服务品质上不断提升，都是笑脸相迎、小心呵护。而且各种促销手段五花八门，打折、让利、积分、返现等等，这是传统市场营销的现状和常态。

在这基础上，侯砚军认为，面对消费者，直销有更多的优势,也可以说完全颠覆了传统企业和商家与消费者之间的关系,赋予了消费者多重的身份和更大的自主权。

直销和传统模式最大的区别在于,直销能让消费者直接参与到产品利润分配中。而传统模式中,作为一个消费者无法参与到产品利润分配环节,除非那些省市县或者全国的总代理,否则作为消费者无论消费多少,仍然还是一个消费者。而在直销行业,当你消费到一定金额或者累积消费到一定金额,就会成为这个行业的会员,有资格来经营这个公司所销售的任何一款直销产品。所以说消费者在直销行业是直接能参与到产品利润分配的,从而为消费者带来了经营收入。

采访中,侯砚军讲述了这样一段案例:一位大学生想创业,但没钱、没关系、没人脉。在十一假期,他发一个帖子,通过他买房子可以比市场价便宜200元,居然有很多人报名。于是他宣布,确定要买房的交2000元定金,买到房子后定金返回,居然有200人报名。于是他找到万科,经过沟通,以200人的购房需求,与万科达成低于市场价400元购房协议,拿到了不菲的佣金。这个故事充分说明了未来赚钱的能力就是联合消费群体进行集中采购的能力,要把消费需求集中起来通常市场上借助文化、价格优势、品牌影响力等要素,而且是传统企业和商家经常用到的手段,因此效果愈发不明显。只有直销行业运用特殊的商业模式,就是直销的计划,很轻松的就能够联合消费群体进行集中采购。所以未来赚钱的能力、解决联合消费群体进行集中采购的能力，这就是从传统到直销的转变。

另外，从产品角度来看，直销六大类产品涵盖了生活必需品的方方面面，重复消费的需求空间巨大。同时，直销产品大部分都是高科技、高品质的产品，而且在传统渠道无法得到。而中国即将进入全面小康社会，生活品质的提升必然打开高品质生活必需品的巨大市场空间，所以直销未来产品的市场是无限大的，它的业绩一定会有一个突飞猛进的发展。

因此，侯砚军认为，未来的你一定会与直销有关，只不过你的身份有可能是消费者，或者是经营者。

直销企业如何做大

这几年，一些传统企业转变经营模式，也进入直销行业。到目前拿到直销牌照的企业已经超过 90 家，但不是所有的企业拿到牌照就能把直销模式做好。在这 90 多家拿牌企业中能够做大做强的还是少数，大部分企业仍然停留在摸索之中，甚至有一些企业对直销模式无所适从。因此，直销企业或者说直销模式的运营有其自身的独特性，必须要按直销的规律办事，否则会适得其反。

侯砚军认为，直销企业的核心要素是产品，成功的直销企业一定是具备完善的产品架构、雄厚的产品研发实力和会说话的拳头产品。中国社会已经逐渐进入理性消费时代，如果直销企业的产品无法满足现代消费群体对科技、品质、功能、消费体验等综合消费要素的需求，就无法打开市场局面。这仅仅是在消费层面，直销还有经营层面的需求，如果产品不会说话，不符合简单、易复制的经营需求，就不能激发经销商经营分享的欲望。

直销企业要想做大，另外一个要点是做好经销商的管理，这是直销行业特有的且相对复杂的环节。而这其中关键是要建立完善的教育培训体系，直销人员的构成复杂，层次高低不同，如何让这样的一群人能够目标一致、行动统一是去完成一个共同的目标，这是一个艰巨且持久的工作。以康立全球K系统的管理为例，侯砚军认为对经销商的管理要保持两个原则，一、人尽其才、物尽其用；二是遵守原则、保留个性。

每个经销商都有个性和自身的市场打法，但在大是大非面前要达到高度的一致和统一，这样才形成一个整体，当然也需要一个过程，需要不断地私下个人的交流、个人的引导，最终能拿出解决的方案来，多沟通，求同存异。另外，需要持续的培训加以提升和强化，建立从初级到高级的领导人培训计划。其实，直销就是一个通过教育和培训把产品受用者、消费者转化成经营者的一个过程。

直销是一个专业性很强的行业，因此人才培养和储备就显得非常重要。目前的现状是，除了直销企业自身内部培养人才之外，社会上没有培养直销专业人才的机构，所以，直销企业必须有计划的从管理团队和市场中选拔、培养人才。

尤其是市场精英和领导人的培养和塑造，用少数精英和领导人的成功经历带动市场的不断发展，从而保持持续的活力和动力。

引领全球的中国直销

直销起源于美国，发展于日本，成熟于中国的台湾。中国直销二十多年来一直在探索和学习，在跌跌撞撞中，已然走出了一条具有中国特色的直销发展之路。如今的直销行业在政府的持续监管引导下，在各直销企业和市场团队的不断创新进取中，已经从以下三个方面形成了自身的特色，并逐渐引领世界直销的发展。

第一，直销加广告。原本的直销模式是不需要打广告的，它是把广告的费用省下来让利给经销商，靠的是口碑的宣传。但是在中国经历了非法集资、皮包公司的负面影响，老百姓很难分辨正规直销公司与非法公司的区别。其实每个行业都一样，要想真正看透某个行业，就必须成为行业专家，绝大多数的从业者都是盲目地跟随。很多做直销的人都是对直销一知半解的，因为不了解、不懂，所以成功率很低。举一个简单的例子：你想开一家的酒店，一定要懂酒店运营的各个环节，否则后厨每天损失赔钱，你都不知道原因，结果就是失败。只有内行才能赚钱，外行是赚不到的。对于直销行业来说，鱼龙混杂，傻傻分不清楚，但中国的老百姓有一个习惯思维，认为上电视了，这应该是没问题，所以直销加广告是中国对世界直销的一大变革，也是一大创新。

现在这一变革、这一创新已经快速地被欧美国家复制，被马来西亚的一些企业复制。

其二，就是直销加店铺。实际上直销这个行业在国外是无店铺经营的，它靠的是口碑的相传，但中国老百姓深受传销之害，对与传销有着千丝万缕联系的直销也就不太接受了。如果说凭直销人的口才或者专业，可能会让一个陌生人买一款牙膏或者买一款保健品，但是随之而来他会担心，如果产品效果不理想，或者达不到购买者的期望，更或者买的是假货的话，购买者到哪里去维权呢？所以说直销加店铺是中国直销对世界直销的又一大变革。这一变革又快速被复制到国外，这也是中国市场对世界直销创新发展的贡献。

其三，直销加网购。事实上无论是以何种形式的销售或者消费，我们面对的是未来的消费群体，而未来的消费群体是80后、90后、00后。他们才是未来消费的主流，而这些人平时上网的时间比其他人看电视的时间要多得多，你销售型的企业未来不把销售的产品放在他们熟悉的视野范围之内，他们根本不知道购买。所以直销加网购是未来中国直销引领世界直销的又一大变革。这种变革同样被欧美国家复制。

中国直销对世界直销三大贡献，引领着世界直销，而且这种引领未来会达到半个世纪之久,所以中国才是未来直销最大的市场。

康立全球在中国

康立全球的董事长吴铭仁是马来西亚华人,祖籍在福建,他是在中马建交40周年的时候,随着马来西亚首相访华的企业家之一。侯砚军到现在还清晰记得,三年前第一次跟吴铭仁董事长长谈时,他曾有过这样的一段描述:"在国外很多新闻媒体要给我写自传,要写一本吴铭仁传,我没有写。什么时候中国市场做起来,我再写我的吴铭仁传,这是我们一定要做好中国市场的第一个原因;其次,我们董事会四个成员,我是董事长,我要亲自带队来主抓中国市场。前半年的时间我每个月会来一趟中国,每来一次会待10天。这是表明我的态度;第三,我作为一个直销企业的掌舵人,无论开发了其它多少个国家,但是我忽略了全球人口最多的中国市场,意味着我直销人生不圆满。"

就是因为当初董事长吴铭仁的这一番话,才使得侯砚军决定全力以赴地跟随。

在康立全球启动中国市场的时候,第一个决策就是与李连杰发起的壹基金合作,每销售一份产品会向壹基金捐款10块钱,而且所捐的款项是专款专用,用于救助中国落后地区因为贫困而上不起学的孩子。侯砚军非常认同企业的这一决策,因为一个企业，尤其一个国际化的品牌企业，意味着承担社会的责任也大，因此康立全球在世界范围内成立了好多的智障学校、孤儿院、养老院、基金会等。所以从这一点上可以看出，康立全球的文化就是爱与关怀。

第二个举措是在2015年8月份由康立全球中国区总经理李厚军向董事会提议，在全国进行青光眼眼镜的公益捐赠。康立全球决定每年送出100万副负离子眼镜，受捐的对象是青光眼患者，持有三甲医院证明患者免费送。通过这一公益捐赠活动不仅缓解了众多青光眼患者的病痛，塑造了良好的公众企业形象，同时也打造出了一款高科技、高品质的康立全球爆款产品。

同年10月份，康立全球推出另一重磅举措，实行签约销售，明确承诺消费者，使用产品三个月后无效可退款。并适时推出两款拳头产品"清正桑黄"和"纳豆红曲"。此举措开创了直销行业的先河，体现出康立全球对自身产品的十足信心，让经销商的市场推广更有底气。

另外，在如今国家大力推进"互联网+"模式的背景下，康立全球审时度势，与云微享合作，用互联网思维改造原有的传统直销模式。至此，康立全球中国区初步完成了"一体两翼"的发展战略布局，暨以"直销事业平台"为主体，以"公益慈善"和"互联网+"为两翼，让所有合作伙伴用现代直销理念去面对市场，体验经营康立全球事业的快感。

以侯砚军为代表的所有康立全球的经销商应该是最幸福的直销人，借助康立全球的战略格局，他们的直销事业也达到了前所未有的高度。据悉，2017年，为了配合市场发展，康立全球相继完成了"与顺丰速运的战略合作"、"投资2200万全资收购广东眼镜厂"、"斥资3亿元入住沧州国家中药产业园"等几大战略布局。

用侯砚军的话说，最多2-3年，当直销立法出台的那一刻，便是中国直销腾飞之时，中国直销的未来值得所有人期待。康立全球准备好了，侯砚军准备好了。你呢？

钱诚：选择大于努力，成功贵在坚持

创业家、领袖型青年企业家
80后直销青年领袖
绿叶帝瑞思系统创始人
金犁奖2016青年创业领袖
上海丰蔻实业有限公司董事长
曾荣获行业多项荣誉

深耕直销行业十多年，统领行业数万人，曾带领团队创下数亿业绩，暂获行业荣誉无数，尽管很多年后，他功成名就，有着自己的传统公司，却仍然时刻站在直销的第一线，时刻关注着行业的动态。他就是帝瑞思系统创始人——钱诚。

拿破仑说，"一个人想要成功，就绝对不会说'不可能'这个词。"钱诚就是这样的人，他决定要做的事情，就会坚持自己的选择，无论前方多大的阻力，他绝不说"不"。

多年来，钱诚始终以"低调务实，待人真诚，注重分享"的领导风格，成为团队的楷模、行业领袖的标杆。2016年，他再度宝刀出鞘，借助于苏州绿叶大平台，创立了帝瑞思国际系统，不到一年的时间，市场占据全国十余省份，帝瑞思在他的带领下，书写直销江山，再创行业传奇。

走出农村的励志少年

有一种人，在坚持中改变，在改变中重生，永远都在突破。钱诚他来自上海农村，父母都是农民，从小家里很穷。在他的回忆中，幼年的家里穷到只能吃酱油拌饭，儿时每年过春节总看到中央电视台某某公司董事长祝全国人民新年快乐，因此从小立志做老板将来可以在中央电视台祝全国人民新年快乐。

少年的钱诚，15岁走出农村来到金山读书，18岁为减轻家庭负担，放弃上海大学的学习机会，提前走入社会。

经人介绍鼠标器厂，做过技术员，凭借着聪明和努力，一个月被台湾老板升做班组长，之后曾上海石化股份有限公司信息公司任采购员。

连续几年的平淡不惊的生活，当钱诚还是一个奔走在三点一线的上班族，他凭借着兢兢业业的精神和与生俱来的领导天赋从一名普通职员干到了公司骨干。羽翼丰满之时，便是展翅高飞之日。展翅高飞之日，便是追逐理想之时。上班族的生活已经满足不了钱诚的野心，反而日复一日的消磨着他的锐气和激情。几经思考，他下定决心辞去稳定的工作，转而寻找充满机遇和挑战的全新道路。

1999年，年仅19岁的钱诚，决定自己创业。先后开过电信业务公司,并且做得风生水起,生意好之际,他还开过服装厂。当年的有志少年,终于如愿以偿地坐上了总经理的宝座,思考更高远的人生。

选择大于努力,成功贵在坚持

随着传统经济的衰弱,钱诚的实体事业也举步维艰。敏锐的他发现了,这个社会的经济航向正在发生变革。随着时代的发展和经济潮流的变迁,直销行业逐渐成为中国经济格局中的新兴力量。

2009年的一个盛夏,一个偶然的机会,他被一个朋友请去喝茶,因为给朋友捧场,他报了一个2000元的单。从那时候起,他关掉了自己的公司,停掉了手上的全部工作,开始投入到直销里,一直在这个行业走到了今天。

在刚开始加盟的第一个月,凭借着天赋和技巧,成为团队中首个加盟月入破万的经销商。听了3次OPP,他就自己开始做一对一沟通和成交,市场一起来,每天忙得不亦热乎,每天谈单,发觉自己天生有此天赋潜能,后悔与直销相见恨晚。

在第一家公司,虽然初来乍到,第一次了解直销系统,系统是一个成功者的聚合体,通过与系统创始人的交流以及系统化的商学院学习,三个月就做到了公司高级经理,六个月上到公司总监,成为公司成长最快的经销商,在过去的几年里为感恩合作伙伴,每年带领他们去到东南亚各国旅游,并先后送出五部宝马车做奖励给他的事业合伙人。

风雨创业路,十年磨一剑。2017年是钱诚踏入直销行业的第八年。八年的直销创业经历让他已经积累了足够的能量和站在了更高的起点。2016年对于钱诚来说,是一个特殊的年份,钱诚在苏州绿叶这个大平台依托下,他宝刀再次出鞘,创立了帝瑞思国际系统,帝瑞思系统是一群有梦想的行业精英,在钱诚充满激情和梦想的精神影响下,在绿叶公司的事业平台感召下,汇聚在一起,倾注全部热情和智慧,倾力打造的一支英雄战队。在钱诚的带领下,帝瑞思系统市场已经攻占全国。

他说,今天走进直销的人,将会拥抱明天直销爆发的历史机遇。人生在特定的历史阶段,要善于把握时代赋予我们的机会,才能勇立潮头,成为时代的宠儿。

情系直销,自助助人

讲到直销行业,首先探讨一下直销是什么?在钱诚看来,他所理解的直销是以几何倍增为理论依据,以人脉关系为纽带,以口碑分享为途径,以生活方式为导向,以销售产品为目标的组织营销。直销业是一个符合人性化可以长远发展的舞台,直销真的是所有行业中最符合人性的行业,第一直销可以打造全自动现金收入管道,同时因为有系统的教育培训,系统成员所在的当地市场用沙龙进行招商培训,通过在每个地区建立中心办公室也让更多的事业伙伴有了归属感,通过常态化的沙龙会及工作室会议各种迎新会、培训会、骨干会，跑马圈地式的通过一年多时间发展，建立北起内蒙古、东北，南至四川、贵州的数个省份的市场。

绿叶帝瑞思系统自去年 2016 年 11 月开始启动，在钱诚的带领下，帝瑞思系统目前是公司成长最快的系统，团队核心都来自家公司经验丰富的领导人，半年时间帝瑞思系统已经在全国超过 10 个省建立的市场，未来不断深度拓展各个市县。

帝瑞思系统通过统一的价值观，将所有系统的核心凝聚在一起，以集约化管理，团队发展拥有共同的愿景和使命：让天下人健康和美丽，富足快乐！同时帝瑞思永远尊重每一位系统领导人的个性和行业特性，通过层级化管理及区域划分让团队核心拥有各自的事业版图。帝瑞思系统建立了完善的教育体系，每周在集团都有招商会，新人培训，还有月度的商学院精英特训营，同时当地市场有定时定点的沙龙和每周迎新会形成了帝瑞思独有的"PDF"文化，通过专业化，系统化的运营钱诚希望将帝瑞思系统打造成为中国新直销最受尊敬系统，打造成一个健康快乐，和谐自由的成功大家庭！帝瑞思将会建立系统的产业化、电商、连锁经营、互联网金融以及教育产业！

道德经营，筑梦远行

直销是做人的事业，你要想成为众星拱月的领袖，就必领成为道德的楷模。以诚信为基石,以责任心为纽带,以做人做事的伦理纲常为标准,严格要求自己。

作为帝瑞思系统第一人,钱诚是当之无愧的领袖典范。他身先士卒,乐于为骨干奉献是他的管理团队的方法之一。

在他看来,首先直销是一个巨大的利益和价值链系统,超级直销领袖要在物质和精神价值的分配方面先人后己、先组织后个人,放眼全局而不是只顾局部,胸怀长远而不是拘泥于眼前。要让大家信服,一定是有别人没有的胸怀。"舍得"二字,贯穿着领袖整体的格局。

其次,要让团队信服,还有一个就是能解决他人所解决不了的问题。直销是一个风景无限的事业,吸引无数人为之倾倒,但同时要告诉你,"无限风光在险峰。"要想在直销事业中看到步步惊艳的风景,是要经历无数的困难冲破一个个险滩的,没有超群的意志力是解决不了问题,是很难看到无限风光的。

事实上,直销事业中要遇到很多人和事,这些往往和过去的经历有很大不同。你可能在面临鲜花掌声同时,会伴随埋怨指责甚至反对,面对种种挑战,性格要有高度的弹性,要能屈能伸,更要有随环境条件变化的高度的感悟能力,也就是通常所说的悟性。面对复杂的事物,只有在坚持原则的前提下做适当变通,才能无往而不胜。拥有战略思想和高度,所谓格局决定布局,布局决定结局,首先确定团队的长远发展目标,即团队的愿景和使命决定了团队发展的未来景象,一个画家永远画不出自己未曾见过的画面，如果一个领袖没有高瞻远瞩的战略思维，组织的发展就没有定位，也难有大成。

当然，直销是团队的事业，当市场越做越大时，钱诚除了在经营自己的同时，也不忘培养自己的核心有这种大局观的能力。

在他看来，系统需要提升整个核心的团队思想，只有拥有共同价值观的团队才能形成合力，才能产生超越式发展，绿叶帝瑞思系统的共同价值观是"贡献"。每个事业合作伙伴如果都有为团队发展贡献，小到一次会议、沙龙的会晤工作，或是领导人为整个团队贡献自己行业的成功经验化作每一堂生动的课程，让每个渴望成功的伙伴得到知识和养分，都称之为贡献，贡献团队的同时提升自我，同时贡献表面上是奉献团队，其实是全方位的提升了自己的能力以及境界，形成团队强大的核心凝聚力。

未来的直销路，需要有更多的直销人用平常心去对待。它既是一种人生毅力的考验，也是一种可贵的执着精神的体现。未来在政府的大力扶持下，相信直销在中国会带动更多的人，实现他们的创业梦想。

第二章
领导人的情绪控制

顺势而为化矛盾于无形

　　人活在世上要干很多事，有些事顺利，有些却坎坎坷坷，有些根本就干不成。对于这些，国人归结为命，命运好的人，运道亨通，干事顺利，无所阻碍；运道差的人则处处受阻，即便看似水到渠成的事都功亏一篑，而且别人能干的成轮到他就不行。

　　细想一下，事情的成败原因可以归结为一个字"势"，顺势而为，如水推舟，事半功倍；逆势为之，则逆水行舟，艰难险阻，功败垂成。所以说，一个人能干大事，干成事，不是这个人的本事大，不是这个人的命好，而是这个人顺应了大势，是大势成就了他，正所谓时势造英雄。那些怀才不遇的人，穷困潦倒的人，不是没有本事，而是没有把握住这个趋势，逆势而动，费了九牛二虎之力也无济于事，只有望天空叹，含恨终生，所以就有了生不逢时的慨叹。这个世上，你改变不了世界，只有改变自己，你让世界适应你，只会头破血流，你主动适应世界，才会顺风顺水，一帆风顺。

　　"势"是什么，就是一种趋势，一种方向，一种潮流。俗话说，谬误重复一百遍就成了真理。谬误永远是谬误，变不成真理，是这一百遍造成的势成就了谬误，让它被视为真理。其实，在这个社会上，钻牛角尖，非要坚持真理的人是一个大傻瓜，比如布鲁诺，因坚持哥白尼的日心说才会被烧死。他应该变通一下，何必字字必纠，等到日心说日渐兴起、被人接受的时候，才顺势而为，必会开风气之先，成就领路者、带头人。

势有大势和小势，比方说国有国运，是大势；家有家道，是小势。大势决定一个时代，造就一批英杰，小势改变一个群体、一个人的一生，可以成人，可以毁人。势就是江河，大势就是大江大河，滚滚东流，任何阻力在它面前都无能为力，对于阻挡的人和事，可以摧毁一切，对于顺流而行的人和事，可以成就非凡。小势就是小溪，就是涓涓细流，遇坡而下，遇沟而聚，遇岩而跳，遇土而润，百回曲折，仍不改前进的方向。做人，就应学溪流，在具体的环境中，要学会委曲求全，退中求进，可以求身安、心安、神安，虽身如芥末，亦可闳达朗明，睡觉香香，走路稳稳，亦是推崇之人。

顺势而为，关键在于一个"势"字，要有一双慧眼，判明大势进退；要有一颗明亮亮的心，悟达通透。只有看得清，瞅得准，心如明镜，才会知晓大方向，大趋势，知进退。关键在于一个"顺"字，顺应，顺道，顺利，而不是悖逆，逆反，这样朋友不容你，环境不容你，世道不容你。关键在于一个"为"字，只有作为才能成就事业，只有作为，才能通向未来。在现实中，不管你是怎样一个人，处于什么样的生活状态，你都要全面地看待自己，要以与时俱进的眼光看待这个世界，要善于洞察时势的变化。因此，无论做什么事情你都不能固步自封，自以为是，我行我素。

事实上，顺势而为就是一种看待世界的眼光和思维，而这种思维像一种无形的法力，这种无形的法力能够化解一切有形的冲突和矛盾。

清朝末年，上海闸北区有一家梨膏店，生意做得很大，店门口挂着"天知道"三个大字的牌匾。"天知道"梨膏店的对面是一家姓于的人家开的水果店，这梨膏店的发迹就是因为这家于氏水果店。

光绪八年，于氏水果店从山东莱阳运了五十篓梨到上海闸北区。因为路途遥远，一路颠簸，再经雨一淋，运到目的地时那些梨就开始烂了，不管怎样晾、晒或削皮，都卖不出去。于氏水果店的对门有个小店，里面住着夫妻二人，生活困苦，没有粮食吃，见于家扔掉了许多烂梨，就拾来削去皮、挖掉烂眼，一吃之下，觉得很甜。这夫妻俩就到于氏水果店，恳请将一篓篓的烂梨卖给自己。反正梨烂了也不值钱，于家很痛快地答应了，一股脑地都把梨贱卖给他们了。于是夫妻俩把削好的碎梨切成小块，一个铜钱卖五块，生意很是兴隆。买得多了，这对夫妻就将梨削好放进大缸里用糖腌起来，这样更好吃，一上市卖得更火了。

于氏水果店的老板占便宜不成，反而让人家生意兴旺起来，觉得自己被利用了，就很生气。他在梨膏店墙上画了一个乌龟，把头缩进壮里，还写着"不知羞耻"四字。第二天，梨膏店夫妻俩看到了，一愣之下，接着同声说道："咱们就用乌龟当商标吧。梨膏糖止咳，而且延年益寿，龟正是长寿的。"从此，这个商标就成了上海的驰名商标。

现在的销售行业同样如此，谁先冲到前面，谁获得资本青睐的机会就更大，获得的弹药和资源也会更多。从而给各个模块赋能，领先的市场份额，先人一步的品牌和口碑，逐步完善的技术与产品，强大的人力吸引力和凝聚力，最终形成协同效应，产生更多良性结果。但在一开始，品牌、产品、技术、人才管理、企业文化等等，显然都是不足的，也没有且不能投入太多资源在这些方面，一切都应该围绕业务驱动，集中资源在业务上，往前跑。

这是营销战略上的顺势而为。不管你认不认可，市场的潮水都如此。资本已经成为这个时代最大的商业砝码。前面说的是市场火热时，你需要往前冲，冲到最前面，让资本给你加油。当市场遇冷时，比如整个行业都不景气，你去砸广告，做补贴，但是结果发现，效果并不佳。你还是按照过去的成功经验，去投百度，投微信，最终钱烧完了，效果很一般，你去问同行，他们都说效果很差，你才发现你是逆势而上，不失败才奇怪了。

所以做营销要跟随市场行情，不能盲目为了营销而营销。你只有顺势而为才能化矛盾于无形。

在营销中"顺势而为"还应有另一个理解，即深入了解客户心理，做到顺势而为。在销售中，很多人都会带着一种敌对的心态去面对客户，因为客户总会提出各种让他们难以回答或者你难以解决的问题。我们常常会抱怨："为什么客户就不能配合自己呢？为什么总是有那么多问题提出来？给自己带来那么多麻烦！"如果你有这种想法，证明你没有站在客户的立场上想问题。从现实的立场上来看，客户和我们是站在不同立场上的，甚至可以说是有利益矛盾的。我们总希望能用最大的利润将产品卖给客户，而客户则希望花最少的钱从我们这里买到最好的产品。

实际上这两种愿望往往都会因为双方的争斗也无法完全实现，不管你是否愿意，这都是难以避免的客观现实，那种不问质量，不问价格出手就买的"恩客"极为少见，而那些在与我们发生激烈利益竞争的顾客才是主流，只有全面地看待问题，我们才能带着一颗平常心去应对销售过程中的种种艰难，因为这才是常态。等哪天你真正获得成功了，可能会感谢那些曾经给你带来各种麻烦的顾客，因为正是他们的磨练下，才会成就你今日的强大。有些刚入销售行业的新手，可能会因为运气好遇上一两个"恩客"，如果他们就此觉得销售工作很简单，那么当真正的常态需要他面对时，他可能会因为缺乏相应的能力和心理准备而遭受惨重的失败，连续的失败会让他们因为承受不了打击而退出这个行业。也许等哪一天他再回顾这一段经历，可能不会再对那一两个恩客心怀感激了，因为正是他们毁掉了自己在这个行业的发展。

要想成为一个有序的团队领袖，你一定要有卓越的领悟力，就像"顺势而关"所诠释的真谛那样，学会全面的看待事物，把握事物的正确趋势，帮助你的团队成员从哲学的高度去领悟营销和管理的真谛，他们才能带着这样一种思维去开展工作，这样的团队才有发展前途，而一个充满哲学思维的团队领袖也将是极富魅力的！

抱怨是解决问题的开始

哈佛大学心理学教授梅约曾提出,"凡是公司中有对工作发牢骚的人,那家公司或老板一定比没有这种人或有这种人而把牢骚埋在肚子里的公司要成功得多。"可以说,牢骚是改变不合理现状的催化剂。

在现实生活中,我们每个人都或多或少地遭到别人的抱怨。面对这些抱怨,我们肯定心里会有些不舒服,这也是人之常情,每个人都喜欢听好话,而有抱怨显然是因为我们做得还不够,而且抱怨者在抱怨时不满的态度、难听的话语会严重伤害你的自尊心。如果你仅仅是这样来看待抱怨的话,也许你将会听到越来越多的抱怨,而且还会越来越难以承受抱怨之伤。

因此,我们在面对抱怨时,需要学会全面地看问题,要从抱怨中看到积极的因素。我们遭到抱怨的大部分原因可能是有做的不好的地方,因此,抱怨可以说是一种推动我们自我改正和提高的动力。比起一般的鼓励或者自我调整,也许抱怨的能力要强大得多。同时,抱怨来自于周围的人,他们比我们更能看清我们自己。所以我们要学会带着一份感恩的心去面对别人的抱怨,因为这很可能是一次重要的帮助我们自我改正和提高的机会。

实际上，当我们发自内心的感恩去接受对方的抱怨时，这些抱怨会越来越少，因为人与人之间的关系是相互的。中国有句俗话："伸手不打笑脸人"。当我们带着感恩的心去面对这些抱怨时，这种心态自然而然地会反映在脸上，那绝对是一种让人看起来很舒服的表情。抱怨者首先就会有一个印象：这个人态度不错，而且看起来能够虚心接受意见。他们会因此至少在言辞上和善一点，这同样会减少抱怨本身对我们的伤害。反过来，如果我们对别人的抱怨不屑一顾，或者因为不满而进行反击，那么无异于火上浇油，对方肯定会想："你自己有问题还强词夺理，真是不讲道理"。那么冲突肯定会升级，对彼此来说都是伤害。

在日本，很多企业都非常注重为员工提供发泄自己情绪和抱怨的渠道。松下公司就是如此。

在松下，所有分厂里都设有吸烟室，里面摆放着一个极像松下幸之助本人的人体模型，工人可以在这里用竹竿随意抽打"他"，以发泄自己心中的不满。等他打够了，停手了，喇叭里会自动响起松下幸之助的声音，这是他本人给工人写的诗："这不是幻觉，我们生在一个国家，心心相通，手挽着手，我们可以一起去求得和平，让日本繁荣幸福。干事情可以有分歧，但记住，日本人只有一个目标：即民族强盛、和睦。从今起，这绝不再是幻觉！"当然，这还不够，松下说："厂主自己还得努力工作，要使每个职工感觉到：我们的厂主工作真辛苦，我们理应帮助他!"正是通过这种方式,使松下的员工自始至终都能保持高度的工作热情。

日本公司的这种做法被世界许多国家的企业借鉴。在美国的有些企业,有一种叫做 HopDay(发泄日)的制度设定。就是在每个月专门划出一天给员工发泄不满。在这天,员工可以对公司同事和上级直抒胸臆,开玩笑、顶撞都是被允许的,领导不许就此迁怒于人。这种形式使下属平时积郁的不满情绪都能得到宣泄,从而大大缓解了他们的工作压力,提高了工作效率。

HopDay 提供了一种给所有人更好的沟通机会的形式,起到了调节气氛的作用。所以,牢骚效应本质上是一种沟通效应,只是这种沟通更多是在员工有挫折感时发生而已。

美国威斯康星州格林贝市的儿童保育中心总经理帕特·布普纳,每隔一个月就要请自己手下的 22 名员工出去吃一次比萨饼。就餐时先用一个小时让员工们彼此随意发发牢骚,也可以就管理问题提出自己的看法。他们先发泄牢骚,可能是"你上次从我那借的东西没还",或者是"你一遇到点儿事就慌乱"等等。随后,再用一个小时发表积极的见解,并就新出现的问题提出改进的建议。举行这种"正式的宣泄集会"的费用很低,不过效果却很好。

能将一种消极的发泄变为积极的提供建议,显示了这位美国经理的高人一筹。当然,无论是发泄还是提建议,其本质都是沟通。只要渠道通畅，就都能取得好的效果。

企业需要员工之间产生彼此的认同、合作与信任。一起工作的人，可以不在同一间办公室中，但必须同心协力，才会形成有效运转的机构。而人与人之间的隔阂、猜忌、怀疑与冲突，不仅会阻碍个人能力的充分发挥，更损害了团体绩效的产生。要避免这些，就要建立一个有效的沟通渠道，激励员工的工作热情，了解他们的需要与情感，并加以有效地疏导和牵引。这样，才可能真正达到企业利润的最大化。

另外，不管在人生中，还是在销售领域，要想获得成功，其中的一个重要前提就是要学会接受抱怨，并且让其成为实现自我提高的机会。销售要想获得成功，除了产品的质量之外，最重要的就是服务水平，因为随着行业竞争日趋激烈，同类产品的质量并不会有特别明显的差距，即使有，消费者也很难分出来，因为他们并不专业，而且买卖双方存在着严重的信息不对称，所以消费者选择哪种产品往往都是跟着感觉走。因为他们认为，服务态度好，至少证明你的职业素养高，而这正是一些正规大企业的员工所具有的，因此会连带对你的产品有所加持。

大企业都设立售后部门，说白了，售后与其说是提供服务的，不如说是为了满足客户抱怨，解决客户问题，保障客户权益。消费者在购买了产品之后，都希望自己的产品能够一次用过售后期限，这证明产品的质量很好。一旦要找售后了，大部分都是因为产品出了问题,这种情况下,消费者心里肯定是不满意的,会带有抱怨情绪,这时售后人员就要做到心中有数,抱着友好的态度去面对和解决问题,也要在解决问题的同时提升产品质量和服务。

在销售的过程中,很多销售人员也会产生抱怨和不满,他们不喜欢去做售后,觉得无利可图,尽成出气筒了,实际上这是一种错误的观点。售后可以说是一个企业想要做大做强必不可少的重要部门,它体现着一个企业的责任和良心,是打造企业形象的支柱性部门。要做好售后工作,首先就需要积极应对顾客的抱怨。只有将这些工作做好,才能给顾客一个完美的消费体验,它给企业或者个人带来的好处就是能发展长期稳定的客户,这是一个企业保持稳定可持续发展的基础。"第一条:顾客永远是对的;第二条:如果客户错了,请参考第一条。"这已经成了很多服务行业的一种服务理念,它似乎已经完全摒弃了现实上的客观立场,却是一种现实主义思想的体现。

现实也确是如此。在销售行业,我们一切努力的最终目的就是用最小的阻力把自己的产品卖到顾客手中,只有实现了这一目标,我们的工作才有价值可言。人们常说:"褒贬是买主,喝彩是闲人。"不管是人生还是职场,那些对我们抱怨的正是与我们有生活交集,能对我们产生影响和带来帮助的人,正是因为他们抱怨,鞭策着我们,激励我们自我提高和成长,如果你能明白这样一个道理,那么你将感谢那些抱怨,你也将从这些抱怨中受益良多。

作为团队领袖,一定要在这方面起到模范带头作用,在处理客户的抱怨时要意识到这是对团队发展有利的,这是解决问题的开始,只有将你的这种积极态度展现给你的团队伙伴,他们才会用一种正确的态度去应对客户的抱怨,这不仅能让他们用一种积极乐观的心态来开展工作,更能打造一个职业素养高的良心团队,从而赢得顾客的口碑,也会赢得巨大的市场回报。

了解情绪的根源

是什么原因使我们产生了情绪？情绪来自何方？功能强大的情绪使我们的史前祖先在"吃与被吃"的环境中得以生存。同样的情绪和储存这些情绪的脑区经过无数代的繁衍又传递下来。虽然我们的生活中不再有长着锋利牙齿的老虎的威胁，但我们却始终经历着这些原始的情绪。

高度的紧张、警觉、焦虑、愤怒和迅速地战斗或逃跑使得我们的祖先得以逃离虎口，以避开威胁生命的各种危险刺激。在现代社会里，虽然我们大多数人不必为衣食和生存而抗争，但是，我们在适应社会环境以及他人和谐相处的过程中，这些具有强大作用的情绪有时也会出现一些问题。

我们大脑中枢的一些的特殊的原始部位明显地决定着我们的情绪。但是，人类语言的使用和更高级的大脑中枢又影响和支配着比较原始的大脑中枢。影响着我们的情绪和行为的主要因素是我们自己的思维、我们自己对事件的评估以及自言自语的述说。

遗传结构只是在很小程度上决定着你是倾向于安静还是倾向于激动。孩提时的经验和当时周围人的情绪影响着你的情绪状态。各种生理因素可能使你变得容易激动。但是，对大部分人来说，这些因素并不能完全决定着我们满意地程度，也不能决定我们能否免受焦虑、愤怒和抑郁之苦。

我们的情绪在很大程度上受制于我们的信念、思考问题的方式以及自言自语的述说。如果是因为身体的原因而使自己产生不愉快的情绪，则可以借助药物来改变身体状况，也可以学习和使用一些方法。但我们的非理性的思维方式就像我们的坏习惯一样，都具有自我损害的特性，而且又难以改变。

所以，每个人都会产生情绪，而且这些情绪将对我们的思想和行为产生重大的影响。我们常常会听到说某某人心理有情绪，这个情绪就是一种心情状态的波动，是外界环境和自己的正常思想意识相互冲撞的结果。一种正常或者平和的心理状态是比较稳定的，一旦有外界的因素与我们本身的想法相悖时，就会引发我们的情绪。

为什么会出现这种状况，就是因为我们每个人都会有一个思维惯性，并因此而产生一个封闭的思想体系。并在这种思想体系的指导下用一种最舒适的状态去生活，而且认为自己的思想体系是对的。因此，我们在生活中要注重情绪的重要影响，既要坚持自身的情绪，同时也要尊重别人的情绪。

很多团队领袖总是想要在下属面前表现自己完美无缺，希望团队的一切都按照自己意志来运转，如果事情没有按照自己希望的那样发生，就会大发脾气，这就是一种不成熟不稳重的表现。因此，在和别人相处时，我们一定要注意照顾好别人的情绪，尊重对方，让对方感到顺心如意。

在销售领域同样如此，在照顾好对方情绪的状况下，哪怕合作没有成功，至少也能给对方留个好印象，如果不能顾及对方的情绪，即使最终获得了成功，也会引起对方的不满，如果四面树敌，即使你的能力再大，最终也会强大的阻力下遭受失败。有时就是这样，做事情的手段和方式往往比结果还重要。

有这样一个小伙子，生性暴躁，难以控制自己的情绪，他的老父亲就要求儿子，如果日后有控制不住自己情绪的时候，就到后院的墙板上订上一颗钉子，等情绪稳定了再将钉子拔出来。于是小伙子便遵从父亲的指示，起初，一天甚至会订上30颗钉子，但是当小伙每次将钉子拔出时，便深深感到拔钉子的过程要比订钉子的动作需要花费的力气多上好几倍，于是乎，小伙慢慢的开始减少订钉子的机会，渐渐的，从每天的30颗钉子减少到15颗，一直到接连几天也不去后院订钉子了。后来老父亲带着小伙来到后院，指着满目苍夷的墙板说，情绪失控时说的话就像在人心上订钉子，即使拔出了钉子，但是伤痕依旧累累难以恢复。

依稀记得故事是这样描述的，值得庆幸的是小伙有这样一个睿智的老父亲，能用如此形象生动的方法来让他的儿子感悟其中真谛。再次值得庆幸的是我能将这样一则故事分享给读者，能让我与故事中的小伙感同身受体会情绪管理的重要性。你生气一分钟就丧失了60秒的快乐生活；你失去理智时说的话做的事马上会让你感到后悔；高学历是你迈入职场的一个门槛，但是高情商能助你在职场上游刃有余。

你情商管理的能力其实就是你情绪管理的商数，俗称情商。经专家研究指出情商与智商不一样的地方在于智商很大一部分来自于遗传，后天改变的几率不大，但情商是可以经人指导通过自身的努力而得以改善的，所以才有那么多的管理学专家来研究情绪管理，有这么多期待情绪管理成功的人士不惜重金参与相关课程。

其实，每个人都想竭力向别人证明自己是对的，一旦遭遇否定，就会产生抵触和抗拒情绪，进而产生矛盾。这种情绪的支配下，如果双方互不相让，分歧就会越来越大。所以说，懂得如何去照顾别人的情绪，将是我们成功与周围的人和谐相处的重要前提。

"大丈夫能屈能伸"，于屈伸之间，就是在照顾自己的情绪和别人的情绪。当情绪得不到伸张，我们就会觉得很憋屈，无法体现自身的价值，人生也会没有意义，甚至心灵也会被扭曲。因此，在一些关乎到个人根本利益的原则问题上，我们不能让步，要积极地证明自己是对的，但对一些细枝末叶的小问题，则可以做适当的牺牲，去照顾好别人的情绪，我们会因为得到别人的配合而从中受益，这其中的尺度需要我们自己去把握。那些真正能成大事者，莫不是委曲求全，能引导和操纵自身以及他人情绪的高手。就如生活中那样，退一步海阔天空，只要双方都退一步，那么什么话都好讲，如果互相否定，只会越闹越僵。

在领导和管理团队中同样如此，我们要学会引导每个成员的情绪，而不是通过否定和压制他们的情绪来实现对团队管理和运作。国内最大的代工企业富士康集团，无论是待遇还是硬件设施，在国内同类企业中都是领先的，但为什么还是有一些人选择跳楼自杀？原因就是员工觉得在这样一个庞大"工厂世界"里工作，自己的个性被压抑了，情绪没有得到照顾和伸张。

情绪虽然看不见摸不着，但却是客观存在的，而且对一个人思想和行为的影响，非外界其他因素所能及。这就是为什么很多人宁愿去那些环境氛围好，待遇较差而不愿去那些待遇较好，工作环境比较差的企业，就是为了顺应自己的情绪。正因为如此，他们在做这样的选择时，潜意识里还是会认为自己是对的。

对团队领袖来说，虽然那些团队成员都是你的下属，但他们不是机器，而是一个个活生生的人，他们也有自己的思想和情绪，只有正视并合理地引导和利用，才能发挥这些人的能动心和积极性，打造出一个强大的团队。

情绪控制的最高境界

先来设想这样一个场景。在一间办公室,大家正在专心工作,突然一声天大的叫喊声打破沉寂,一位员工和一位主管吵起来了,更确切地说是:员工在吵,主管在听。原因是很小的事情,无所谓谁对谁错,在此没有必要做更多的渲染。感觉到很诧异的是,这位新任主管在面对员工无厘头的劈头大喊,无端指责时,竟然沉寂的如止水般,令大家颇感惊讶。

反观这位员工呢?偏偏却是前些日领导一再表扬的一位情商颇高的,很愿意接受批评的好员工。究竟是什么原因让这位员工如此情绪突变,不顾场合?

究竟是什么让这位主管情绪如此的淡定,一言不发?

如果用两个字来说,我想应该是"情商"磨砺的程度还是不同吧。很多人认为,20%IQ + 80%EQ = 100%成功,可见情商的重要性。

你再聪明,再有才华,如果情商不高,还不如那些看似傻呵呵的人会取得更大的成功!因为即使你拿到了全部IQ20%的分数,也不足那个让人认为白痴的三分之一,他有80分!成功在很大程度上还取决于正确处理个人情感与别人情感之间关系的能力,也就是自我管理和调节人际关系的能力。智商决定录用,情商决定提升。

我们可以总结为，高情商的人一定是具有调节自己与他人情绪的能力，运用情绪信息引导思维的能力之人；高情商的人，一定是能控制自己情绪的能力的人；而低情商的人，则因无法认知自己和他人的情绪，容易陷入心灵的困境而不能自拔，在现实生活中到处碰壁。

通常我们出现重大的情绪问题，都说因为小事情而起。想要克服小事情的困扰，可以这样思考：生命太仓促，不能只顾小事情，转移注意力就好了，为不会发生的事情而饱受煎熬，是多么愚蠢的事情啊，别为别人的批评而烦恼。

可以说高情商高智商决定了你情绪控制的境界，而情绪控制的结果导向则是与人"和"。人们的痛苦与快乐，并不是由客观环境的优劣决定的，而是由自己的心态，情绪决定的。识别他人的情绪善于了解他人，知道他人的所思、所想、所感，是一个人高智商的表现。高情商者在社交生活中不盲目、不糊涂，他们能够根据对方的行为举止、语言谈吐、心理活动等，识别他们的情绪，并采取相应的对策，因而能够获得良好的人际关系，取得较大的成功。

比如"瓶子理论"管理情绪法。想象我们的胸中有许多怒气的小瓶子，每一个瓶子对应着我们周围的一个人。当我们对这个人有什么不满意，可是又不好意思明说时，就把这点不满意放进了对应这个人的瓶子里。今天放一点，明天又放一点，等有一天瓶子放满了，你的情绪就达到了饱和，而等到再出现一件小事让你不满时，怒气便到了忍无可忍的地步，于是怒气就发作了。而这时不是只把最后的那点不满发作出来，而是把长期一点点滴滴放进瓶子里的怒气，一股脑儿全部倒了出来。对方这时常常会出现一脸的茫茫然，暗自纳闷为什么你会因为这么点小事生这么大的气。我们自己则常常在脾气发作到一半时就忘记了生气的真正原因。

这便是大多数人生气的情形，多数情况下怒气的发作都是这种"零存整付"的模式。中国人的儒家思想，教导人们温、良、恭、俭、让的品德，忍让成为美德的一种。人和人相处，总会发生摩擦，大多数的中国人从小就被教导要把许多小的不满隐藏起来，'这怎么好意思说，算了！'是许多人经常在心里嘀咕的。

可其实许多小不满，只要适当的沟通，最多小吵两句，就能化解。这种小吵的争执，对肝的伤害会比"雷霆大火"小得多。充分的沟通，就会把瓶子里的小不满倒掉。学习不再累积不满，是避免生气造成伤害的最好方法。

工作场所和家庭是大多数人的主要生活区域，也是最容易产生怒气的地方，而在这两个场合所面对的对象又都是自己非常熟悉和亲近的人，所以沟通尤为关键。有事就直说，哪怕只是小事，这样才能建立健康的沟通环境。尤其夫妻之间，更要建立"床头吵、床尾合"的默契，才能让大家都减少许多怒气的伤害。

当无法避免的怒气出现后，无论是发作或隐忍或忽略，肝火都会上升，专家建议这时最好能及时的按摩太冲穴，或回家在睡前泡泡热水脚，疏泄肝气。经常发怒的人，则最好天天做这些保养的工作，避免肝火的上升，不但能降低怒气的伤害，更能减少怒气出现的频率。

笔者总结了管理情绪的三步曲，可以作为参考。

1. 认识情绪。

心理学认为，情绪的产生并不是诱发事件本身直接引起的，而是经历这一事件的个体对这一事件的解释和评价所引起。这就是著名的情绪理论(ABC理论)。例如：因为做了错事便认为自己无能于是感到很自卑。在这里，做错了事就是事。A.认为自己无能就是对这件事的评价和解释。B.自卑就是因为认为自己无能而引起的情绪体验。C.该理论认为改变你对该事件的解释和评价就可以改变你所体验到的情绪体验。

2. 培养积极的心态。

要做到两点：一是要明白情绪的产生是一种正常的生理现象，是你的内心需要是否得到满足的外在表现。因此，你需要清楚地认识你的需要是什么？以及你的需要是否是你的能力所及和你的需要是否达到三好"我好、你好、大家好"；二是要善于从负性事件中提取正面信息，任何事件都会有正负两方面的信息，自卑的人看到的大多是负面的信息，而自信的人看到的大多是正面的信息。

3. 面对负性事件要坚持四不原则。

不责备：责备会激发对方的自我防御机制，对解决问题无效。而是要清楚地描述这件事并坦诚地表达你的感受和希望。不逃避：只有面对才能成长，厌学、网瘾就是面对负性事件时采取了逃避的策略。不遗忘：越想忘记就越是忘不了，认可负性事件的存在，当下该做什么就做什么去。不委曲求全：委曲求全意指放弃自己的利益来获取某些结果，而不委曲求全是在不伤害别人的前提下保存自己，做自己想做而又能做的事。

情绪控制最重要的就是与人相处的过程中所体现的一种"和"的状态。实际上，这种状态的境界建立在强大的信任和畅通的沟通基础之上。每个人在生活中都会有自己的朋友，而其中的一种朋友就叫作"莫逆之交"，也就是双方从来没有闹过矛盾的朋友。这种关系实际上就是一种"和"的高境界，也就是说双方之间建立了一种强大的信任关系，这种和谐关系是发自内心的。即使彼此不说，也心灵相通，自然不会产生矛盾。

另外，信任的建立需要理解和沟通。只有我们觉得自己了解他之后，才会对他少一分戒惧，觉得和他相处是安全的，同时也能从中找到两人的心灵契合点和利益共同点。可见，由沟通和了解所产生的信任，将为我们创造一种和谐的最高境界。信任不是一蹴而就的，需要长期的沟通了解来进行培养。

　　作为团队领袖,在学会自我情绪控制的同时,还应竭力与团队伙伴培养感情,建立彼此的信任,加强沟通。只有这样,领导者与追随者才能和谐相处,才能够在一种和谐的环境下开展工作。

与"志同道合"者谋

"道",是老子在经验世界中所体悟的道理,它先于天地而生,是宇宙的起源。它永不消竭,无所不在,是万物运行的规律和法则,一切都以它为法(人法地、地法天、天法道、道法自然),倡导无为,却又无所不为。

"商道"亦是"道","道"能聚人心,亦能达成共识。

一个团队要想获得良好的业绩,不断向前发展,必须要有一群志同道合的人,这也是每个团队领袖者必须要注意的问题。要想找到与团队发展的方向和理念相一致的团队伙伴并不是一件容易的事,因为每个人都可能会有各自的想法,这种想法很多情况下都是长期发展形成的稳定认知和看法,一时很难改变。这也是为什么很多企业会在面试的时候询问一些看起来不着边际的问题,实际上就是从侧面来考察应聘者是否与企业发展理念相符,因为只有符合这种标准的人,才能为企业的发展助力,而这样的团队伙伴同样能够在适宜的团队环境下如鱼得水,实现自我的成长,从而创造一种双赢的局面。

实际上,在团队的日常工作中争取团队成员的支持十分重要,这将决定着这些工作能否顺利开展并取得成果。很多团队领袖者会说:"没错呀,我们这个团队就是一群志同道合的人，因为每次我发布命令时，下面都没有反对意见。"但真实的结果是怎样的，也许这些团队领袖者并不一定了解。如果没有掌握真实状况，就认为团队所有成员实现了意见上的统一，那么团队领袖就会活在虚幻的世界里。

所以说，在进行决策时听取团队成员的建议十分重要，它能帮助你了解团队成员的真实想法，同时也能帮助你制定出决策方案。那些没有发表意见或者口头表示赞同的人，内心也许还会有其他的想法。但是我们需要关注那些最不起眼的人，他们也许才是团队的中坚力量，很多人也许本身并没有什么想法，这时你需要通过合理的方式将这种观念输入，将他们改造成与你志同道合的人。

那些表面赞同内心反对的团队成员，可以说是成功路上的一个危险因素。很多团队管理者就是因为团队成员的心口不一而遭受失败的，明明自己手中兵强马壮，但在和对手竞争的时候却兵败如山倒。原因就是你的团队伙伴实际上并没有和你同心同德，他们所谓的赞同只是做表面样子讨取你的欢心，在工作的过程中同样还是会遵循自己内心的想法从事。所以说，要想真正获得与你志同道合的合作伙伴，就需要了解和沟通。

同时，了解团队成员的意见，还能够帮助团队决策者合理安排工作。对于不同的工作岗位，每个团队成员也许会有不同的想法和意见，在这种情况下，团队决策者可以根据了解到的是实际情况,将团队成员合理安排到他们喜欢从事的工作或者岗位中去。比如在销售行业,有些同事喜欢做拓展,有的同事喜欢做售后,只有充分倾听他们的意见,进行合理的安排,每个团队伙伴才能发挥出他们的最佳状态,并将自己的工作做好。

有的团队成员也许对团队的发展理念很赞同,但对团队在某一项具体的日常工作持有不同的意见,那么决策者可以安排其他有相同意见的人去执行,以确保工作能顺利开展。如果团队决策者对下属的个人意见视而不见,并且还强行地要求他去执行,那么即使这个人的团队纪律很好,也很难用一种积极的心态,充分发挥自己的能力和智慧将工作做好。毕竟他的心态并没有转变过来,只是带着一种执行命令的机械想法甚至是抗拒心理去工作,在这种情况下当然不能将工作做到最好。

有一次,唐太宗问魏征说:"历史上的人君,为什么有的人明智,有的人昏庸?"魏征说:"多听听各方面的意见,就明智;只听单方面的话,就昏庸(文言是'兼听则明,偏听则暗')。"他还举了历史上尧、舜和秦二世、梁武帝、隋炀帝等例子,说:"治理天下的人君如果能够采纳下面的意见,那末下情就能上达,他的亲信要想蒙蔽也蒙蔽不了。"

唐太宗连连点头说:"你说得多好啊!"

又有一天,唐太宗读完隋炀帝的文集,跟左右大臣说:"我看隋炀帝这个人,学问渊博,也懂得尧、舜好,桀、纣不好,为什么干出事来这么荒唐?"

魏征接口说:"一个皇帝光靠聪明渊博不行,还应该虚心倾听臣子的意见。隋炀帝自以为才高,骄傲自信,说的是尧舜的话,干的是桀纣的事,到后来糊里糊涂,就自取灭亡了。"

公元643年,直言敢谏的魏征病死了。唐太宗很难过,他流着眼泪说:"一个人用铜作镜子,可以照见衣帽是不是穿戴得端正;用历史作镜子,可以看到国家兴亡的原因;用人作镜子,可以发现自己做得对不对。魏征一死,我就少了一面好镜子了。"

就像唐太宗与魏征的故事,君能知人善用,虚心采纳臣子的意见,作为臣子则直言敢谏,这就是君臣的相处之道。同样的道理,团队的领导者,要想让自己的意志在工作开展过程中得到彻底贯彻,除了通过各种规章制度的约束之外,还要特别重视执行者本身的意志,只有执行者本身的意见和决策者保持一致,他们才会乐意尽最大的努力将工作做好。正因为如此,决策者在分派任务时,如果了解到执行者有不同的意见,在实在没有更好的替换人选时,必须要尽最大的努力开展说服工作。

在团队中很多团队成员之所以会有不同的意见,有可能是没有看到问题的本质,出现了认识上的错误和偏差,只要耐心的介绍,帮助他们认识问题的本质,就能解开他们的心结从而积极地完成好工作。如果明知执行者有不同意见，还只是简单粗暴地强行命令他们执行，就很难取得最佳的工作效果，长此以往还会影响上下级之间的关系。

团队领袖想要带领团队取得成功，在工作决策的过程中就必须要积极听取广泛的意见，并集思广益，尽量让所有的团队伙伴的个人意见能够得到充分的表达。在善纳谏言的同时，把自己的想法告诉团队成员，一旦自己的想法有误，就应该去认识错误并分析和改正错误；如果是成员不理解自己，则应该坦诚的交流，耐心地沟通。目的就是要让每一个团体成员有积极的参与感，能够通过耐心沟通让大家在内心真正地取得一致的意见，最大程度上激发每个团队成员的工作积极性，这样的团队领袖者才能得到团队成员的拥护和爱戴，这样的团队才最具有凝聚力和战斗力。

尊重不喜欢的人

你会喜欢你身边的每一个人吗？肯定不会。你身边的人，有的心肠热，有的能力强，有的"颜值"高……跟这些人相处，你容易沉浸在和谐的气氛中，生活充满了阳光。但是，你不得不承认，这只是生活的一面。在你的身边，还有这样一些人，有的爱搬弄是非，有的会嫉妒他人的进步，有的爱占小便宜……这些人可能让你厌恶，但你又不得不跟他们共同生活在一个集体里。当遇上他们，你该怎么办？你可能在想，如果你不喜欢的人能自动消失，那么所有的事情就会变得简单。但是，这是不可能的事情。

如何与身边不喜欢的人相处，是你不得不思索的问题。

在我们的生活中，不管你愿不愿意，你都要和一些你不喜欢的人相处，因为这些人将成为你交际圈中的重要组成部分，甚至那些你不喜欢的可能也是你最需要的人。当我们对这些人产生厌恶时，我们应想想其中的原因是什么？因为这将帮助我们去解决这一问题。为什么要解决？因为，如果我们和不喜欢的人相处不管是对我们自己还是对方都是无益的。

如果我们总是持着一种"不乐意、抵触、厌恶"的态度和不喜欢的人相处，这只会让彼此的相处更尴尬，久而久之还会厌恶甚至仇视对方。在这种情况下，很容易给对方带来伤害，同时这种心理和情绪也会蒙蔽我们的心，使彼比不快乐，甚至当我们想尽方法去伤害和躲避对方时，心里会有一种愧疚感。

因此，当我们无法逃避要和这些不喜欢的人相处时，最好的解决办法就是改变自己的立场和态度，让自己从心里能够谅解、接纳对方。我们有时不要将这种感觉完全归咎于对方，因为在人世间，不管是任何人，都会有朋友，那我们为什么就不能成为那些"讨厌鬼"的朋友呢？所以说，你没有任何理由去永远讨厌一个人，就算这些人身上的确有让你讨厌的因素存在。

哲学家尼采讲述了这样一个故事：有一天正在赶路的查拉图斯特拉在一棵树下睡着了，突然来了一条蛇，咬了他的脖颈，查拉图斯特拉因为疼痛醒了过来。蛇见人醒了，便要逃走。查拉图斯特拉说："你还没有得到我的感谢！感谢你叫醒我赶路。""你没机会赶路了。"蛇说，"我的毒液会杀死你的。"查拉图斯特拉笑着说道："何曾有过天龙被一条蛇毒死的呢？收回你的毒液吧，你并不富足到可以将毒液赠我。"于是那蛇又重新爬到他脖子上，吸去了毒液。面对不怀好意咬伤自己的蛇，查拉图斯特拉不仅没有厌恶或者一气之下杀死蛇，反而还要"感恩"蛇及时"叫醒"自己好赶路，即便蛇告诉他可能为此而丧命之后，查拉图斯特拉依然不动怒。正是这种"化敌为友"的尊重，蛇最终为他吸去了毒液。

一位禅师在旅途中，碰到一个不喜欢他的人。连续好几天，那人用尽各种方法侮辱他。最后，禅师转身问那人："若有人送你一份礼物，但你拒绝接受，那么这份礼物属于谁呢？"那人答道："属于原本送礼物的那个人。"禅师笑着说："没错。若我不接受你的谩骂，那你就是在骂自己。"

一个同路人，连续几天用各种方式侮辱禅师，但禅师却并没有恼怒，始终保持一种对路人的尊重。这种尊重，既给了自己解脱的出口，也给了路人一个台阶，更给了我们一个为人处世的道理：心宽一尺路宽一丈，敞开心胸善待不喜欢自己的人，这其实是一种勇气和智慧。假如我们遇到不喜欢自己的人，如果我们以怨报怨，以牙还牙，冷落他、羞辱他、仇恨他，也许结果会很糟糕。

《圣经》上有这么一句话："爱你们的仇敌，善待恨你们的人；诅咒你的人，要为他祝福；凌辱你的人，要为他祷告。"心与心是相通的，如果能达到这种境界，不管他人对自己的态度如何，能保持足够的尊重，始终用与人为善的品质和微笑的面容去对待他们，那么就一定能得到对方的理解，获得别人的喜欢。

做销售同样是如此，有很多让人讨厌的顾客，他们总是会怀疑销售人员以及他们销售的产品，喜欢问东问西，对我们的产品和服务挑三拣四。事实上顾客本身就站在我们利益的对立面，是销售人员利益的竞争者。很多销售人员常常认为客户事太多,是故意在刁难自己,因而不喜欢和这样的客户打交道,联系客户时也总是挑挑拣拣,当没有办法去面对时,就会采取一种爱买不买,不买拉倒的态度。如果我们以这种态度去和客户交流,就很容易出现语言和行为的冒犯,服务态度差,甚至和客户发生争执等情况,原因就在于此。

如果团队领袖想要打造一支服务优质的团队,就应让你的团队成员学会和那些不喜欢的客户相处,尊重客户,让客户在良好的服务态度下感受到团队成员的职业素养,这也能让团队成员处于良性、舒心的工作状态。

可以说,理解、包容、尊重是解决这一问题的重要途径。有时候我们不喜欢一个人仅仅是出于意识,觉得这个人看起来面目、态度、行为可憎。但我们有没有扪心自问过:我们对他了解吗,我们的立场客观吗,我们的想法正确吗?如果我们能在这些方面做好,也许我们就不会再有这种情绪产生。所以说,如果我们没有把自己的心态摆好,用客观的心态去看待问题,就很容易产生误解和认识上的偏差。

即使这种让人讨厌的因素在对方身上客观存在,比方说他们身上有让人诟病的缺点,或者曾经冒犯过我们并给我们带来了伤害。在面对这些人时,我们也可以用包容的态度来消解我们的排斥心理。

除此之外,理解也是一种很好的解决办法。很多人之所以会讨厌对方,是因为双方有利益上的冲突,这也是产生矛盾最多的原因。因为每个人都有追求自身利益的权利，而且在这些利益上面人人平等，只有看到这一点，我们才能用一种平和的心态去面对我们的竞争对手。其实很多人在现实中都能做到这一点，将工作和生活区分开来，在竞争时也是对事不对人，甚至在利益对立状态下还能做到英雄惜英雄，大家都在正常的游戏规则下行事。

　　作为团队领袖，你应该向团队伙伴传达一种思想：学会和那些不喜欢的顾客相处，是做好一个销售的前提。因为这类人将成为我们客户群体中的大多数，只有抓住了这些客户，你在销售领域才能获得成功。如何去理解顾客获得这种利益的权利和正当性，将帮助我们很好地和顾客相处，甚至能一定程度上顾及到他们的利益，这往往也是在帮助我们自己。

　　有些销售人员，在面对顾客的各种意见时总能用心聆听，甚至常常提供一些有价值的参考意见，反而能赢得顾客的信赖，更容易获得好成绩。如果总是将客户看作自己的敌人，想方设法从客户那里获得最大的利益，觉得这是理所当然的，而一旦顾客提出疑问就觉得是在找茬，态度恶劣，肯定干不好销售。

　　当然，如果我们实在无法让自己从心理上接纳那些你不喜欢的人，至少我们能够通过各种行为，来掩饰自己的想法。不可否认，这种掩饰也许会让你心里纠结，但却能避免去伤害到他人。有时候一个人不讨人喜欢往往是他自己无法决定的，亦或是无心的。如果我们能在行为上进行善意的掩饰，双方会维持一种和平状态，同时能够确保现实利益的获得。

换位思考不失为一种有效的方法，你可以想象如果是我们自己有一些让人讨厌的地方，别人直接在我们面前表现出他们的厌恶情绪，这时我们心里肯定会很受伤，尤其是那些诸如相貌、能力、性格、习惯等无法改变或者暂时难以改变的缺点，甚至你在伤心之余还会带着强烈的愤怒，觉得自己没错。其实很多人同样会有这样的想法，这时双方就很容易产生不可化解的矛盾，甚至从此老死不相往来。这看起来似乎没什么，但如果我们从更广泛的角度来看，这对每个人来说都将是一场灾难，因为任何人都不可能是完美无缺的，所有人身上都有缺点。如果我们不懂得从心理上包容，在行动上掩饰的话，双方之间的矛盾就会被无限放大，成为关系发展的绊脚石。

这就告诉我们，哪怕有些人身上确实有让我们难以接受的缺点，但也一定要学着包容对方，并通过长期的沟通交流来改变你的看法或者接纳对方。这样既可以尽可能避免伤害彼此，还能让自己获得自己的一份心理解脱，如果对方因此而改变，那将是一种双赢。这其中的尺度把握同样考验着团队领袖为人处世、管理的智慧。

宫新华:诚信护航 铸就"中国梦"

华润国际系统创始人

中国直销 100 最具价值个人品牌

2011 年度最受尊敬的直销领袖

2012 年度中国直销形象大使

教练技术优秀导师

2015、2016 蝉联年度全球直销形象大使

"永远把帮助别人放在第一位"是他的人生信条,多年来他为之坚定前行,全心投入,并取得了非凡的成就,令行业瞩目。他是 2011 年度最受尊敬的直销领袖,责任担当、业绩卓越,造就创业精英无数;他是 2015 年度全球直销行业形象大使,言谈谦逊、举止儒雅,极具领袖魅力;他是华润国际系统的大家长,引领提携、传道授业,支持系统伙伴达成梦想!

创业曲折终选直销

宫新华 1964 年出生于山东滨州,医学院药学系毕业,曾是一家医院的药剂师,但稳定的工作并没能锁住他的心,他渴望挑战。上世纪 90 年代中期,改革的风潮已经席卷中华大地,市场经济的春风也让宫新华的内心萌动。于是，他大胆放弃之前的工作，选择下海经商，紧抓时代发展的脉动。

世事难料，几年后当他的生意做得风生水起时却意外遭遇了火灾，让他的所有心血灰飞烟灭。这样的意外，对于任何人来说，都是非常沉痛的，即便是这样，面对如此巨大的人生压力，有着山东人质朴坚韧个性的他没有就此认输，他决定重新定位自己的人生，重头再来。

辗转选择中，他结缘直销行业，虽然直销行业在中国的经济社会中有着独特性，社会上的某些人仍处在不理解、不接受的状态中，但宫新华看到了直销的优势，相信自己一定能在直销行业有一番大作为。

创业是艰辛的，直销这条路也同样如此，坎坷相伴、风雨同行。很多人进入直销行业是为了实现梦想，可梦想与现实一定是有距离的，当梦想一旦破碎就是一种失落和伤害。基于此，宫新华始终认为"一个领导者不能带领他的团队走向成功，就是一种最大的犯罪"，同时，这句话也时刻在鞭策激励着宫新华。因此，他带着对伙伴的责任与对事业的坚定，在直销行业里奋斗了十年，这十年中他从一个新人，成长为行业知名的系统领袖，具备了丰富的团队管理和市场运作经验。

培训在直销中的作用

在带领团队的过程当中，他接触到教练技术，通过深入的学习和训练，成为熟练驾驭教练技术的优秀导师，并通过教练技术与直销相结合的不断探索和实践过程中，创造出属于自己的一套教练式人才培训体系。

通过这种更为有效、更加落地的直销人才培训模式的训练，多年来培养出一大批优秀团队领导人，帮助一大批人实现了梦想，创造了一个又一个奇迹。他表示，要把华润国际系统打造成企业家成长的摇篮，直销领袖的"黄埔军校"，帮助更多的人成功，创造更大的奇迹。

2016年5月4日，在华润国际系统周年盛典暨康美时代山东市场表彰大会上，宫新华面对台下5000多位市场伙伴，发表了一则生动的演讲。2015年华润国际系统的每一位家人全力以赴，以忘我的精神开拓市场，为系统的稳定和发展打下了坚实的基础。2016年，在上半年的几个月里，华润国际市场更是如火如荼。如果说2015是基础年，那2016则是华润国际系统的决战之年。

就在本次大会上，宫新华郑重宣布：2016年华润国际教练技术将全面展开，计划到2016年底的华润国际系统，将做到30期的新兵训练，同时开展3期的领袖班训练，不断地培养中高级人才，为华润国际系统的长久发展积蓄更大的能量，为康美事业的遍地开花再添一把火。

华润国际的市场开拓与教练技术的结合堪称完美，为行业的发展开辟了新的思路，为直销人员的素质及能力的提升探索出了一条成功之路,其中"目标检视"是重要的考评依据。举例来说:如果某一位伙伴,从参加培训开始,三个月之内他的目标必须是"提升一个级别",在这三个月的过程中如何达目标,重点在于把目标细化、分解,同时会有专业的教练跟进、指导。教练对每一伙伴,每周的管会、每周的工作总结、每周的个人素质的提升都进行严格的把关,确保每一位伙伴都在计划周期之内达成考核指标。

宫新华认为,教练技术最大特点在于,让伙伴主动修正自身错误的认知和合理的习惯,提升自己内在的潜能。教练技术有一整套完善的流程,而且并不是走完了就结束了,因为教练技术是让你养成自我修正的习惯,在生活中每时每刻你都要去自我检视,自我调整,自我成长,从此踏上自我修行的人生之路。

让直销人道德起来

2015年,在中国直销文化论坛上,宫新华开创性地提出"让直销人道德起来"的倡议,得到了很多人的认同。对于华润国际系统,如果说独特的"教练技术"打造了华润国际系统今天的成就,那么"厚德载物、诚赢天下,让直销人道德起来"则是团队壮大的"催化剂"。

借用宫新华的话来说,"我们要做一个受人尊敬的直销人,就要把'德'放在第一位,没有'德'即使你做得再好,也不会成为一个优秀的领导，更不会打造出一个优秀的团队。"

而今之中国，一个伟大的直销时代已经来临，而在这场直销事业的大潮中，也许唯有"厚德载物、诚信天下，让直销人道德起来"的理念才能无往不胜。

其实在我们大多数的系统领导人眼中，系统必须是实现团队健康发展的一个平台，虽然系统的壮大需要更多的成员加入，但仅仅实现人的倍增还是不够的，关键是要实现团队成员之间的和谐合作，才能够实现团队的发展，所以他在团队里面提出了一个让直销人道德起来的口号，才能让这个行业健康起来，才能实现让大家共同富裕的目标。

直销行业进入中国已经有十几年的时间了，虽然有很多负面的新闻，存在着很多人的不理解或者是整个社会或者是主流媒体和社会的不认同。有多方面的因素，当然也有一些经销商或者是团队领导人的因素。宫新华认为每一个直销人，每一个经销商，首先要给整个社会展示直销人的良好素质和正面形象。在华润国际系统内部，就明确要求所有的经销商，第一按照法律规范的权利义务，不欺骗、不欺诈、不诱导、不误导，真实地把这个行业的竞争力和这个行业的未来的愿景传递给每一位消费者，这样才可以让整个社会正确地接受和理解直销行业，这个行业才可以健康发展，这个行业才可以得到更大的生存空间。

文化是系统的基石

早在华润国际系统成立的时候,宫新华就对系统的文化提出了明确的要求。首先从他自身来说,做为一名系统的核心领导人,必须把责任肩负起来,他觉得系统的每一个人都有强大的能量,每个人都把自身的正能量发挥出来,整个团队都充满爱,整个团队就是有道德标准的集体。只要系统坚持用这样的标准去要求伙伴,大家才可以齐心协力,直销行业才能得到整个社会的认可和认同,这个行业一定会健康起来、伟大起来。

当一群人聚在一起的时候,而且是一群没有感情基础,没有血缘关系的人聚在一起,他们如果没有一个共同正确的目标,仅仅只是为了钱,这是极其可怕的。就算在各自的家庭,有血缘关系的人,有亲情的人为了利益还会出现矛盾。所以,怎么去理顺这种关系,怎么去解决这些矛盾,这就是教练技术所要解决的关键点,让所有人能够以正确的理念去引导,让大家都愿意去接纳对方,愿意付出,愿意担当,愿意负责任。只有一群人有了一个共同的目标,这样的关系才能维持得长久,因为人际关系是整个团队的核心。团队的和谐又是直销的核心,这么多年宫新华一直想用自己的理念来打造一个华融国际系统,给更多的直销人一个平台,给他们以支持,帮助他们用比较短的时间去达成创业梦想。

厚德载物,诚信天下,这是宫新华不变的追求。直销行业需要诚信，宫新华的理解中"诚"就是真实，心里怎么想你就怎么说，怎么说你就怎么去做，因为你真实，别人就感觉你真诚，你真诚别人就相信，才愿意跟你合作。说的更现实一点，别人为什么要跟你合作，很多人在开拓市场的时候，一谈到直销，别人就开始拒绝，因为直销行业曲曲折折的经历，在老百姓的心目中造成了一些负面影响，很多人感觉直销行业不真诚，缺少诚信。也有一些人做直销频繁更换平台，做了一家又一家始终拿不到结果，在这种情况下，跟别人说直销好，别人也感觉不真实。更有甚者不遵守行业规则，夸大、诱导、误导消费者，严重损害了直销行业的声誉。

宫新华坦言，一个人如果把诚信作为自己的价值追求，是很厉害的一件事情，最起码具备了成功的素质。想做到这一点就需要诚实、和谐、统一，简单来说就是内在的统一和外在的统一，外在就包括外在的环境，外在的人，外在的事和环境的统一。其实"诚"是有一个自我检视标准的，你这个人感觉舒服了，你就是"诚"的。当你不舒服的时候，你就没把"诚"给活出来。比如一个人如果活得矛盾、纠结、压力、恐惧、担心，他是不舒服的。只要你有点不舒服，就说明你和整个的环境，或者你的内心没有达成统一。当我们非常讨厌一个人的时候，你还去赞美他。你可以骗别人的耳朵，骗他的耳朵，但骗不了你的内心，你内心的第一感觉就是不舒服。当你想做一件事，当这件事你非常不情愿地去做，你还要去做的时候，你的感受也不舒服，外部的环境，外部的人，当你与同学、家人、团队、伙伴，某一个人的关系发生矛盾的时候，你的第一感受就是不舒服。

综上所述，"诚"是无往而不利的法宝，宫新华为华润国际系统塑造的"诚"文化，才会在行业广受好评，使得华润国际系统的规模在一年多的时间里爆发出惊人的能量。

诚信经营才有直销未来

宫新华进入直销行业有十几年了，他的直销梦想就是在未来的三到五年真正打造一个行业首屈一指的团队，打造一个最受尊敬的直销系统，为所有系统伙伴实现梦想保驾护航，为实现百年复兴的"中国梦"添砖加瓦。

我们的习近平总书记提出了在2020年中国全面进入小康社会，其实华润国际的梦想和中国的梦想是联系在一起的，宫新华决心在未来的三到五年的时间里，让华润国际系统所有的伙伴，只要他们愿意，全力以赴地去合作，系统就会倾力支持，实现他们的小康梦，让他们早日实现自己的梦想。

在带领华润国际前行的过程中，宫新华始终对行业的现状和发展保持清醒的认识，他认为：直销是体验经济，也是口碑经济，在从业过程中直销人始终要保持诚信的态度。这其中客户的感受是至关重要的，感受是要用心去体验的。为什么社会上很多时候一提到直销就会扣上夸大、误导的标签，一个原因是广大消费者不了解直销行业；另一个原因也在于行业中有一些人、有一些企业，给社会造成了这种错误的感受。这就需要我们所有直销人，以诚信为标准，不断地把正统直销理念发扬光大，教育每一位直销人用诚信的标准去要求自己的言行，这样才能改变社会对直销行业误解，让直销行业得以健康发展。

　　诚信是企业立足的根本，也是每一个个体的人立足于社会的根本，所以华润国际的发展始终以诚信为出发点，每一位会员真诚地分享产品的体验，真诚地表达事业的感受，真诚的地对待身边的人和事，才能让华润国际的品牌更具号召力，才能让更多的人愿意跟随华润国际系统长久地走下去。

李峰：管理不走寻常路

众合国际系统创始人

隆力奇四星董事

直销行业新锐领袖

多次荣获隆力奇国外豪华游

自古心怀世界的年轻人大多都是"英雄者"胸怀大志、腹有良策，有包藏宇宙之机，吞吐天地之志。他是隆力奇最年轻的四星董事，是创下过亿业绩市场的 80 后新锐领袖，也是众合系统的年轻创始人，他曾用两年的时间成为了隆力奇的二星董事，年轻的他就拿着月薪两百万的收入，思考着更加高远的人生。

作为在每一场会议都被伙伴前拥后呼的青年领袖，李峰的身上几乎自带光环：年轻、正能量、有闯劲。

2011 年，年仅 20 多岁的李峰邂逅民族企业隆力奇，从此揭开了他人生的锦绣篇章。如果说，他用六年的青春在隆力奇这个平台上成就了一部华彩巨制，那么，每一天他都在一笔一画地撰写着人生的华章。

从北国内蒙，到江南苏州

从北方家乡的内蒙古来到江南苏州，只为选择的这条道路。作为直销新晋选手的李峰凭借那份敢拼敢闯的劲头，在直销道路上很快崭露头角。除了成为公司发展较快的经销商，他不仅获得了豪华轿车，每年的公司奖励的国外豪华游，还荣耀地登上了隆力奇的四星董事的宝座。在隆力奇六年来的磨练，让李峰练就了更加成熟的内心和更高的事业起点。2017年，他成立了自己的系统：众合国际系统。并且在隆力奇公司新制度下，市场发展快速而稳定，在市场管理当中，彰显了这位新锐系统领导人的将帅之风。

这个阳光帅气同时不乏沉稳干练的80后，用自己的成功向我们诠释着"选择大于努力"的箴言。他告诉我们，今天的生活是五年前的选择决定的，而未来的生活，是今天的选择决定的。生活有时候就是这样，我们明明惧怕选择，却无时无刻都在做选择。李峰说，人生可以没有很多东西，却唯独不能没有希望。希望是人类生活的一项重要的价值，生命在梦想和希望的滋养下生生不息。放大格局，成就梦想。很多平凡的人在隆力奇取得成功，他们沿着前辈的轨迹一路前行，勇往直前，那么众合国际系统则让每一个平凡的人都相信，生命总有奇迹发生。

今年才30出头的李峰，他相信，他的国度，才刚刚起航。未来，李峰的目标是带领众合国际系统走产业化运作之路，进军亚洲，走向世界，把中国的五星红旗通过隆力奇飘扬全球。对于自己的梦想，李峰希望在国家十三五规划上提到的大健康产业和文化产业上，绽放光芒。

新锐领袖：管理不走寻常路

作为80后创业领袖，"年轻"的背后，承载着李峰的10余年直销情，更凝结着他那股出类拔萃的青春闯劲。

除了十年来的行业经验和闯劲，那股宽大的胸怀是同龄人所不及的。在李峰所带领的众合麾下，大大小小有数十个系统，出席的每场会议都是前拥后呼，万众瞩目。

当领袖能做到这份儿上，李峰坦言并无秘诀。在他看来，一个优秀的管理者并不是他的能力有多大，而是要有一套自己的管理方式。

首先，制定标准。

俗话说，没有规矩，不成方圆。团队活动就像是一场游戏，在团队里面，不论是领导者还是跟随者，都是玩游戏的人，规则早就制定好了，双方都要遵循这套规则进行博弈，在追求胜利的道路上，首先要实现共赢。

直销团队是一个庞大的群体，里面都是来自各个年龄段和各个阶层的人群，况且每个人都是有自己的风格和思想，当领导人没有办法统一大家思想的时候，就可以统一制度。也就是流程化来规范的团队人的言行举止，包括不触犯任何道德和法律的底线，来实现团队共同的目标。

其次，定制目标。

相信每一个团队都会面临直销业绩的压力。那么这个压力不是某一个人的压力，而是整个团队所面临的挑战。所以作为领袖，要善于分解压力。分到每个团队去，也给每个人，或者让大家自告奋勇提出和分担这个业绩目标。

其实管理本身是个庞大的体系，他的本质用一句话概括：把企业所有人员组织起来为共同利益而奋斗呢？

那么，如何让大家明确是为了共同的利益在奋斗呢？

首先管理者必须明确团队其宗旨，即各位经销商为什么而结合一起来奋斗创业。其次作为系统领袖一定要传达到所有人员。明确宗旨和目标后，如何才能达到目标，实现宗旨？

一是让所有的队员认清自己的根本利益，最大限度地调动他们的积极性、主动性和创造性。

二是各项体系框架逐步组建起来，形成坚强、可控的强大战斗力团队，为共同利益而奋斗。

用不同的方式方法，来自不同的力量，来达成统一的目标，来共同完成这个光荣而伟大的任务。

给予信任、放权培养新领袖

古人说："自为则不能任贤，不能任贤则群贤皆散。"意思是说：凡事喜欢事必躬亲者，往往不能够任用贤能的人，而导致众多贤能的人不能往一个方向努力，进而也就失去了组织存在的意义。

对于直销团队而言，再有能力的人管理大的团队和市场，也会鞭长莫及。毕竟每个人的精力是有限的。所以优秀的领袖懂得分解这种责任和权利。

所以作为系统的最高领导人，很有必要在团队中精选出一批优秀的骨干，充分给予信任、懂得放权，一起来管理好这个大团队。

一个优秀的团队领袖，应该懂得和学会充分地利用他人的力量，充分地进行授权和信任，以便更好地发挥团队协作的精神，这样不仅能使团队很快地成熟起来，同时，也能减轻团队领导的负担与压力。

在李峰看来，合理的放权不仅不会削弱你的影响力，相反，有感于你的栽培，你的影响力只会更加深入人心。

韩非子说："下君尽己之能付中君尽人之力付上君尽人之智。"敢于放权并善于放权，是一个领袖成熟的表现，又是一个领袖取得成就的基础和条件。

当然，放权不是放任，领袖对团队放权后，不是不闻不问，而是要让每一位新晋领导人提高自身素质，加强个人能力，让其成为合格优秀的领袖。

作为新一代领袖的他看来，江山摇摇欲坠，是因为后继无人。一个团队的人才越多，说明团队的实力越稳固，团队越能基业长青。

领袖气质必不可少

"吃别人不能吃的苦,干别人干不了的事,容纳别人不能容纳的人和事情。"这就是领袖。"领袖级"人物的力量主要来自人格的魅力和思想的力量,这两者紧密相连。成功的领袖有坚强的意志,并且知道如何激发他人的热情。在直销团队中,这一点尤其重要。

领袖就要有感召众生的力量

其实,生命就是一场感召的过程!人生不是在影响别人,就是在被别人影响。作为领袖,一定要做足领导力,打造属于自己的完美个性,打造最真实的领袖魅力。即便人生遭受到一些挫折和困难,但每一次的挫折都可以不断地磨炼自身。我们未必比别人聪明,却绝对富有智慧力和创造力,就是靠毅力、执着、投入,把该投入的投入了,该打造的打造了,该成就的也就成就了。做最好的自己,也帮助别人成就最好的自己,这就是领袖的魅力所在。

领袖就是做常人之不能做

在李峰看来,真正的领袖,除了有感召生命的力量,还要能做到他人所不能,大家才会臣服于你,这就需要领袖提高自身的素质和能力。"古之所谓豪杰之士,必有过人之节。人情有所不能忍者。匹夫见辱,拔剑而起,挺身而斗,此不足为勇也。天下有大勇者,卒然临之而不惊,无故加之而不怒。此其所挟持者甚大,而其志甚远也。"这句话是中国古人对成大事者的论述，也是对领袖的论述。

但凡领袖人物，大部分都曾经历过人生挫折，从中汲取有益养分，获得激励，使他们的道德指针一直指向自己的内心。他们坦诚；善于思考，具备深刻的洞察力；目的性强，能被远大目标激励；同时具有正确的自我认识、严格的行为标准和坚定的道德准则。正是这种自我的激励和领导力，赋予了直销团队的强大力量，是团队的灵魂和标杆。

领袖就是忍常人之不能忍

吃常人所不能吃的苦，做常人所不能做的事，忍常人所不能忍的气，这就是直销领袖。直销团队的经销商来自不同的区域，是能够海纳百川、广结良缘、宰相肚里能撑船是领袖的又一气质。没有大的格局与胸怀，很容易干两天拍拍屁股走人。不能容忍别人的人，是心胸狭隘的人，在团队管理中也难以服众。

此外，直销是一个沟通的事业，直销团队领袖的气质来自于与人沟通，以及唤起和激励他人采取行动的出色能力。拥有领袖气质的关键是拥有情绪交流的技能，特别是情绪表现力。有关领袖气质和社会技能的研究表明，领袖气质在社会表现力、领导能力、人际关系，以及心理健康的培养等方面都扮演了重要的角色。人们可以通过改善交流技能和社会技能来增强自身的领袖气质，发挥自身的人际效应，才能共筑大业，创造美好明天。

蓝日荣：用正确的理念和心态拥抱直销

青年企业家
香港东方格林投资集团董事长
广西南宁绿荣森耀商贸有限公司董事长
曾成功创办过"百万俱乐部"和"绿森国际"两大直销系统
现为孝膳堂集团董事长

二十几年的自主创业和企业管理过程中，他取得了非凡的业绩，并创造了无数个荣耀时刻。在 2014 年 11 月 21 日直销行业最高端的盛会"第五届中国直销文化论坛暨第七最受尊敬的直销企业年度评选颁奖典礼"上，广西东方格林电子商务有限公司荣获 2014 年度"最佳创业平台"的荣誉，公司董事长蓝日荣先生出席了本次盛会，并接受了媒体视频访谈。他说："中国的直销行业走过了很多艰难和不易，发展到今天，终于迎来了大局面，使得我们所有直销人有信心期待直销的大未来。随着科技的发展和移动互联网的广泛普及，电子商务和微店与直销的有效嫁接，让直销的市场开拓手段更加灵活，所以，未来的直销行业一定会大放光彩。"

蓝日荣与直销

蓝日荣是个标准的创业型企业家，从1992年开始接触网络营销计划，在长达20几年的自主创业和企业管理过程中，取得了非凡的业绩，并创造了无数个荣耀时刻。他曾就任两家公司的董事长，在他的营销实践过程中，把直销事业和传统企业完美地结合，获得了非常大的成功。在很多人看来，直销行业准入门槛比较低，无论任何人都可以从事直销。但蓝日荣告诉我们，并不是每一个人都可以在直销行业获得成功，与其他行业一样，从事直销也要保持正确的理念和良好的心态。

他是直销行业的探索者，一路走来与众多的直销公司有过深度的合作，如：完美、安利、无限极、月朗（富迪）、新时代、金日科技等。与直销公司合作期间他创建了百万俱乐部，曾用4个月的时间做出了五千多万业绩。2012年10月加盟金日创办的"绿森国际"，这更是一个成熟、专业的直销商联盟，由一群有志之士组成，立志要用三年时间打造一个百万团队。

采访中，他表示在直销团队的建设和企业运营过程中，他永远把帮助别人放在第一位。帮助更多的人获得健康！帮助更多的人获得幸福！帮助更多的人获得快乐！帮助更多的人获得成功！这是他一贯的追求，更是他体现人生价值的所在。

在他的理解中，健康的身体、快乐的心态、成功的渴望和幸福的感知是他人生追求中永远不变的四大主题。他也用这样积极的态度影响着更多的人，让自己身边的每一个人都因此收获美好人生。

他用多年从事直销的心得，结合当下的直销环境，为直销新人给出了诚恳的从业建议。第一是认真的态度，直销和其他任何行业都一样，对于把直销作为我们事业方向的人来说，一定要保持认真的态度去从事它，认真专注直销行业更能考验一个人的综合素质和意志力。能够在这个行业成功的人必定具备决不认输、决不拖延、决不放弃的意志，否则很容易在团队建设和业绩增长的压力面前退缩。第二是坚守承诺，这也是为人处世的准则，尤其是在当今的直销行业，个人的信誉是拓展事业的基础，没有诚信你将寸步难行。第三速度要快，社会在飞速发展，市场在风云变幻，如今的社会是快鱼吃慢鱼的时代，直销行业更是如此，市场机会稍纵即逝，如果不培养自身快速反应的能力就很难把控瞬息万变的市场机遇。

用正确的理念和心态拥抱直销

直销是未来的趋势行业，人们通过直销不仅获得高品质的产品和创业的机会，同时也收获了健康、快乐、幸福的生活。所以，未来直销必定会走入千家万户，成为与每一个人的生活息息相关的行业。

蓝日荣认为，人的一生离不开健康和财富，而直销行业正是能给人们带来健康和财富的行业，所以直销比其他传统行业有更好的发展前景。虽然直销的发展经历了很多波折，但如今很多传统企业纷纷转型做直销，很多老百姓在逐渐接受直销的产品和文化，所以在不久的将来，直销必定会走进千家万户，成为收获健康、传递快乐、提高生活品质的重要渠道。

我们都知道直销创业对于普通人来说是一个比较好的选择，很多人都看好直销模式的财富积累速度，但通过直销模式创业更需要耐心和坚持，世界上没有哪一件事情是简单的，太简单容易做的事情也就没有了其太大的价值。每个创业者的开始都是艰难的。在直销创业的过程中，你是否能够成功，很大原因也取决于你是否对自己事业多了一份耐心的等待、执著的坚持。所以直销做的是一项事业，我们要把目光放长远一点，不能急功近利，扎扎实实的走好每一步，不断地学习不断地充实自己，只有在不断的磨砺中达到专业的水平才能成为赢家。

对于直销人来说，直销是一个小投资低风险的创业机会，不论任何人只要愿意投入，经过适当的教育训练之后都可以做得起来，但是如果直销人心里抱着一夜暴富的心态，最终必会走入投机取巧的死胡同，这是必须极力避免的。所以，蓝日荣认为，直销人要时刻调整好自己的心态，树立正确的直销观念。首先，直销是一个以个人信誉为保证的事业，所以个人必须对所销售的产品有清楚深切的认识，最好是本身有使用的经验，自己真的觉得满意再来介绍给别人，讲起来会更理直气壮，而且根据亲身经验的分享更能打动人心；其次，要从顾客的角度思考问题，若对方没有需求就不要为了卖产品而强迫推销，因为强迫推销也许一时会成功，但以后对方见了你就会有排斥感，反而断了以后销售的机会。若研究发现对方有产品需求，也要从顾客的角度来分析产品对他的帮助或效用，以帮助顾客的角度而不是做生意的角度来谈产品，成功的机会更大，而且满意的顾客会帮你宣传，创造出更多的机会。最后，直销是在做善事，直销因为受非法传销的影响，让很多人都对其持负面的看法，一个直销商很容易受到他周遭亲朋好友的排斥，若没有建立正确的观念，一定会受不了被排斥的压力而放弃直销。正派经营的直销是抱着"好东西要和好朋友分享"的动机去介绍直销产品给亲朋好友。

因此，在蓝日荣看来，直销行业与其他的营销模式一样，最终的目的都要落在销售产品、服务消费的核心上，只有看清事物的本质，用正确的心态去经营自己的直销事业，才能做到问心无愧，让直销健康有序的发展。

心怀天下老人 此生专注孝商

在商海沉浮中，始终不忘生养他的山山水水、不忘家乡的父老乡亲。随着中国社会的不断发展，城市化的进程不断加速，农村的青壮年劳动力被城市大量吸纳，使得农村出现了大量的留守老人。他们或因无法融入城市生活，或因经济条件不允许没有能力到城市生活，更或因无儿无女只能在农村孤独终老。

据蓝日荣介绍，在他的家乡，已经很长时间都看不到儿孙绕膝的天伦之乐了。过去的农村，虽然生活很艰苦，但一大家几代人一起生活，也其乐融融。而如今，几乎每一家就只剩一两个老人，寂寞、孤独、无助是他们的常态。每每看到这些，蓝日荣的心情都会异常沉重。如何改变现状，给家乡的留守老人一些帮助，让他们的晚年生活多一些色彩和从容。这样的问题一直萦绕在他的心头。

抱着一定要给家乡的老人群体找到一条出路的决心，2013年开始，蓝日荣开始返回家乡，筹办敬老协会。

在深入家乡农村考察期间，他看到了很多具体的案例：有个老奶奶已经偏瘫，左手和左脚没有知觉，老人觉得自己老了又不愿意到城里去，已经独自生活了两年，一只手拄拐杖，端锅做饭都是大问题，无法言喻的那种艰难；有一对八十几岁的老夫妇，倒是可以相伴，不过老先生已经耳聋二十几年，沟通中得知老人最想做的事情就是在有生之年重新拉上二胡，之前经常拉，因为没有琴弦，不知道去哪里找，因此蓝日荣立刻开车到二十公里外的县城买了琴弦，老人家虽然已经耳聋，竟然还能拉出动听的曲子；有一个老人腿不好，自己一个人，有一天在家摔倒了，门没有开，没有人知道，直到第三天有亲戚来访，在门口叫喊，才听到老人在屋子里回答说倒地上起不来，于是找来梯子从二楼进去，发现老人已经在地上躺了两天，差点出人命……

看到这些现实的情况，蓝日荣开始筹备老人免费食堂，即：孝膳堂，把家乡的四十几位老人集中起来，请了村里的两个人给他们做饭，这些老人终于有饭吃了，实现了一人孝众人孝。

其他村的老人知道以后，希望能在他们村也开设老人免费食堂。这样的请求蓝日荣无法拒绝，但经费怎么解决？于是他想到以商养孝的办法，就是现在的"孝商模式"。

带动更多的人来开孝膳堂，替华夏儿女尽孝，给农村老人养老，让孝膳堂遍布天下，是蓝日荣的终极目标。号召全国全体家人，做到"口中有德去弘扬孝道，心中有爱去关爱老人"。

虽然"孝商模式"需要盈利，但从以孝为先，以善为上，以和为贵，以信为本的理念出发，集众商之力，解决农村老有所养问题，着实是一件善举。

李光耀：文化建设是系统稳定的基石

鑫源国际系统创始人
2015年度最受尊敬的直销领袖
2016年度时代影响力明星人物
2016年度亚太区最具合作价值品牌领袖

在直销行业内拼搏20载，是中国实战派营销专家，多年成功运用传统与直销相结合的模式带动数千人成功，是国内知名直销人士。他是公司的高层领导人，又是一名团队重要领导人，他曾任某集团公司副总以及某公司董事长助理，短短8个月时间，促团队伙伴获得12辆车奖，多块名表奖励。又曾在一家公司任常委委员，系统创立3个月突破1000万业绩。现在全力投身于苏州绿叶，创立鑫源国际系统。

李光耀与直销

李光耀从小出生在苏北一个普通的农村家庭，父亲是一位二十多年的老村支书，受父亲的影响，从小就具备了一种不服输的性格。

　　早在 1996 年他接触了直销行业，被这种先进的营销模式所吸引，并在近 20 年的时间里不离不弃、风雨兼程。直销已经深深地融入他的血液，他视直销为自己的终身事业。同时，直销的环境也把他塑造成了一个视野开阔、颇具战略格局的系统领袖。他先后从事过几家知名的直销公司，开创了无数闪耀辉煌的时刻，缔造了无数骄人的成就。他的直销履历令很多人羡慕，他曾任某集团公司副总以及某公司董事长助理，短短 8 个月时间，使团队伙伴获得 12 辆车奖，多块名表奖励。又曾在一家公司任常委委员，系统创立 3 个月突破 1000 万业绩，成功运用传统与直销相结合的模式带动数千人实现人生梦想。

　　人们只羡慕蝴蝶破蛹而出时的美丽，却不曾体会到它曾经的寂寞与命运搏斗的辛苦。在李光耀风光的背后，却隐藏了许许多多不为人知的辛苦，熬到了今天，我们看到的不仅仅是他的成绩，更是对他的精神充满了无限的敬佩。

　　一直以来他始终相信：人生不是靠命运安排，而是要自己安排命运！命运掌握在自己的手中。人生的有幸与不幸，将永远与你结伴而行。命运可以决定你奋斗过程的顺利或艰辛，但追求的结果却一直握在自己手中。

直销充满机遇

　　直销是一个必然的趋势，但在这个趋势中不是所有人都能成功，虽然直销充满机遇，但我们也要具备把握机遇的能力和胆识。在直销的创业路上，李光耀无疑具备这样的能力，他也更善于把握机遇，做出正确的选择。

从目前直销行业规模化发展的程度来看，新型的业态发展迅速，直销产品同质化严重。面对激烈的市场竞争，李光耀认为，直销行业的发展只有定位明确、个性鲜明才能找到自己的生存空间，"只有形成个性，企业才有竞争优势。"然而企业要找到适合自身发展的特色道路，就需要不断思考和探索。他说："作为经营者，每天都不能停止思考，必须紧紧把握市场脉搏，把握消费者的消费动态和趋势。时刻不能止步，要有前瞻性的眼光洞察未来。"

很多时候，大部分直销从业人员扮演的角色是去推广产品，是在宣传文化或者直销企业的经营使命，那么近来的直销行业，应该说是风生水起，随之而来的就是市场秩序的混乱，而直销人员唯一能把握的是把握政策、擦亮眼睛，做出正确的选择。

在当下的直销生态环境日渐复杂的背景下，李光耀始终保持冷静的观察和良好的心态。他表示，在如此复杂的环境中和众多高回报的诱惑，想要从事直销的新人很难厘清头绪，做出正确的选择。他认为选择的第一要素是"拿牌企业"，这是能够持续经营事业的保证，资金盘、虚拟盘等高回报的平台千万不能碰，如果想选择未拿到直销牌照的准直销企业，就需要多方考察，并确认近期有拿到牌照的希望。

选择的第二要素是看企业的产品，任何销售模式或经营活动，核心竞争力是产品，认知度高、功效明显及定价合理的产品，才能更符合老百姓的消费需求。

选择的第三要素是企业及产品文化，如今的社会物质极大丰富，各行业产品同质化都很普遍，因此好的企业文化或产品文化会对消费者有一种带入感，对文化的认同会让产品更能脱颖而出。

直销充满机遇，选择大于努力，这是直销人常说的一句话，确实也从侧面验证了李光耀的理解。

系统就是平台

在李光耀的规划中，鑫源国际系统将是一个培养财富精英的舞台，经过几年的探索和发展，系统已经进入稳定发展的阶段。随着发展战略的深入，将会有更多的规划进入实施阶段。例如：系统品牌塑造和媒体宣传；系统爱心基金的设立；鑫源豪车俱乐部和鑫源游艇俱乐部的创建和运营；以及涉足养老、教育、慈善等一系列创新模式的发布等。这些举措将助力系统新老会员快速开拓市场，帮助更多的伙伴开创新的美好生活！

李光耀表示，直销本身就是一个精彩的人生事业舞台，给每一位拥抱直销的人恣意挥洒的舞台，在这里只要你愿意，每个人都会有成长、提升和锻炼，在这里只要你付出，就会有回报，在这里只要你优秀，就会收获鲜花、掌声和荣誉。

直销更是一个社会大平台，它能解决社会很多实际问题，让很多人得以就业、创业，直销人推崇的大爱文化，让无数人看到希望和未来。

李光耀认为，每个团队领导应该考虑的首要问题是，如何从自身、从自己的团队做起，努力维护直销行业的三面形象。由于中国直销行业的起源及自身的行业特色，在二十多年的发展过程中，引起过很多人的误解，甚至被一些不明真相的人的瞧不起。在被误解原因中，也存在来自于经销商自己的素质，其实这也是最根本的问题。如果每一个系统都把成员的素质提升作为第一要务，就能够从整体上提升整个直销行业的素质，再通过系统的力量努力提升伙伴的收入，这样社会大众对直销行业的印象就会得到提升和改观。

直销行业是一个通往成功的大舞台。李光耀说："一路风雨走过来，其实最让我能够留在这个行业，坚定这个行业走下去的是强烈的责任使命感。在直销行业有这样一句话，也是很多领袖都会重复的观点，即：一个人的成功不算成功，一群人成功才算成功，在这个直销生涯当中，我想最终给这个行业带来许多正能量，想给许多直销人更大的归宿感"。所以，本着这样的初衷，才有了今天"鑫源国际系统"巨大的成功，在李光耀的心中，鑫源国际系统最终将会成为引领中国直销行业榜样系统，汇聚更多的人才和正能量，为中国直销行业的大发展贡献自己的力量。

平台需要文化

在鑫源国际系统内部，有这样一条不成文的规定：凡是没有做过的事情，哪怕花再多的钱，也愿意让伙伴去积极尝试；而且一旦积累了熟练的技巧和丰富的经验，即使自己做很省钱，也可以外包出去，把更多的精力投入到别的工作。作为团队的领导者，不仅要帮助员工挖掘自身的潜力，更要给他们最大的鼓励、支持和认可。大家不仅要做好自己的本职工作，还要根据环境和情况的变化，扮演好不同的角色。在角色转变过程中，伙伴会发现，原来自己还有这么大的潜能。让每一个伙伴在系统中获得成就感，是他最大的荣幸。而他，就是要帮助大家保持最佳事业状态，心顺，人顺，事就顺了。

做直销的人都明白，选择一个事业，必须要考虑多个因素。给伙伴营造一种舒适快乐的环境是重中之重，在鑫源国际，每一个伙伴都充满正能量，这样的环境，有谁愿意离开呢？

已经十分融洽的团队氛围仍然没有达到李光耀的要求，根据马洛斯的需求层次而言，他更注重伙伴的精神层次的需求。"每个人都有被需要、被尊重、被认可的愿望，这也是人生的意义，因此，打破伙伴和领导人之间的界限，让每位伙伴在团队里都能有无穷的动力和热情。"李光耀诚恳地说，如果能够塑造一种家的氛围，让每位伙伴把系统当做家，相信会激发员工更多的活力与热情，这也是经销商领袖该担当的一份责任。

对于一个团队的领袖，李光耀觉得首先是实现自己团队良性的竞争，现在整个直销行业的放开，越来越多的企业走进直销行业，便会带领行业竞争的加剧。在这样的趋势下，作为一名经销商领袖怎样把伙伴的积极性调动起来，让每个人都感受到适当的压力。因此，系统内部也要设定一些竞争的机制，时刻保持良好的精神状态和竞争意识。

另外，系统文化的塑造离不开教育培训的支持，良好的培训体系是每个系统业绩增长和文化宣导的必要手段。以"进人、育人、留人"为基础的教育培训体系，不仅让系统伙伴得到成长，还会让他们对系统产生依赖，对系统文化产生共鸣，才能不离不弃的与系统一路前行。

直销拒绝浮躁

直销企业越来越多，百家争鸣，百花齐放，直销人的选择空间也越来越大，但这是一把"双刃剑"。在更多的选择和诱惑扑面而来的时候，很多人的心态就会变得浮躁。因此，我们也会看到目前行业市场人员频繁更换平台的现象日益严重，其实大部分人的选择是盲目的，这种现状已经背离了直销市场运营的本质。

直销事业的壮大需要一个过程，市场规模是一点一滴积累起来的，而且这种稳定持久的经营，才会更加让人信服，把它当做一个事业。从这一点上来说，直销跟其他传统的行业是没有区别的，这也是万事万物自然发展的规律，直销也不例外。

很多人不懂选择，也不会选择，结果就是频繁选择，这种不善于坚持的行为，让很多机会白白流失掉。交了很多"学费"，最终让自己的处境越来越被动。所以，直销人需要一种坚持的精神，需要一种平静的心态，来面对自己选择的事业。

当下直销的浮躁，不仅仅体现在市场人员层面，从企业、产品、媒体及配套服务机构身上都能感受到行业浮躁的气息。这是行业发展必须经历的一个阶段，任何事物的发展都是一种轮回。目前行业浮躁的根源在于，近一两年，国家发放直销牌照的速度突然加快，很多企业看到拿牌有望，便蠢蠢欲动。拿到牌照的企业更希望快速占领市场，尽快释放牌照红利。因此不断地推出更好的制度和模式回馈市场人员，以此吸引人才，拉动业绩。

行业现状的改善，需要政府、企业、经销商、媒体等所有参与直销各方的共同努力。浮躁是暂时的，物极必反，当所有人都用急功近利的心态面对行业的时候，总会有一些人开始回望初心，重新理性的面对事业。甚至还是会有一些人自始至终坚持朴素的直销理念，坚持用高品质的产品和负责任的分享，去守护事业的永续和内心的宁静。因此，也印证那句话：生活不只是眼前的苟且，还有诗和远方。

其实，李光耀已经在直销行业创造了很多的奇迹，但他始终不满足。他认为，直销如要成功，必须要靠团队的力量，成功不仅仅是自己成功，还要让更多跟随自己的伙伴走向成功，让更多的伙伴把直销作为自己事业的归宿。所以，他希望把鑫源国际系统的模式发扬光大，让更多的人从中受益，成为引领中国直销行业永续经营的典范。

张咏纯：直销行业的诚信经营楷模

聚豪情商务联盟创始人

2012 年度中国直销风云人物

2012 年度最具价值经销商

2014 年度最受尊敬的直销领袖

2014 年直销品牌年度人物领袖风范奖

2014 年度中国创新企业管理卓越人物

2014 年度中国科技创新突出贡献奖

2015 直销品牌年度人物领袖风范奖

2016 年度全球直销风范领袖

2017 年度中国商界诚信领袖

2013-2017 年度百位直销人物

2013-2017 年度中国最受尊敬诚信企业家

　　一个教师出身的直销人，在商海沉浮中经营多年，却始终不改脚踏实地的经营态度。尤其在如今以机会为导向、以利益为前提的中国直销行业，能以豁达的胸襟、以身作则的态度去面对所有的合作伙伴，以诚信经营为企业宗旨，以底线思维为行事标准去感染身边的每一个人，实属难能可贵。这就是聚豪情商务联盟的创始人张咏纯，一个不搞花架子、不提倡喊口号、不施行花拳绣腿的虚无主义的领导人。他提倡工作的核心是"有效",在团队建设中做到有效建设,让经销商实现有效价值,在行业中做到有效利用,比如行业资源、人际关系、行业优势的有效利用,将资源有效配置,合理利用人脉和行业优势,从而奠定个人和系统发展的良好基础。

张咏纯的儒商本色

张咏纯的创业经历颇具传奇色彩。1967出生,毕业于黑龙江省教育学院。1984年起在黑龙江某小学任教,初入工作岗位,他便显现出超出同龄人的聪明、智慧和才干。1987年在该校任教导主任;1988-1993年在该校任校长,成为黑龙江省最年轻的小学校长,同时被评为省级思想政治工作先进者,县政府重点培养干部。随着改革开放大潮不断推动,这位黑土地的热血男儿怀揣着更大的人生梦想,年仅22岁的他决定下海经商,在商海的风口浪尖上历练自己。

偶然的机会接触了医药健康产业,1999年进入某国际集团任区域教育总监。随着对行业不断感悟和经验的积累,他的领导才能也不断地得到提升,2000年被北京某药业公司聘请为执行总裁,经过十几年的商海打拼和历练,终于在2007年创办了聚豪情科技开发有限公司,开始了自主创业及企业经营管理的事业生涯。

在经营公司的过程中，他还致力于弘扬中华养生文化，积极参与中国老龄事业，把忧国忧民的无限情思倾注于自己的事业之中，并受到同行业的瞩目和社会的普遍认可。

鉴于他对中医养生事业的突出贡献和老年事业的投入，2009年被中国老年保健协会吸纳为理事，并且担任国家中医药管理局批准的中医养生文化研究推广中心主任。

2012年1月，为了开发更多、更优质的中医养生食品，公司领导班子与北京药王阁中医研究院领导班子合并，成为研究院旗下的主体单位，同时张咏纯出任常务院长。

张咏纯从父辈那里就遗传了中华孝道的传统美德，并且根深蒂固，身为孝子的他不仅孝敬父母，也经常到养老院去探望那些素不相识的老人，经常为中国老龄化问题担忧。基于此，他还创办了属于自己的候鸟人投资管理有限公司，决心为中国老年事业投入更大的力量。他的善举感动着身边的每个朋友。2012年初，在《中华儿女》杂志社记者的一再邀请下，他接受了采访，同年《中华儿女》以"厚德载物、儒商本色"为题，两次大篇幅报道了张咏纯及他所创办的公司。自此张咏纯的社会知名度日益提高，被团中央授予"核心中国百佳优秀管理与创新杰出人物"称号。

诚信经营，以爱维系

"团队的发展、事业的成功不能以牺牲亲情、友情为代价,不能以牺牲伦理和道德为代价,不能以牺牲健康为代价。"这是张咏纯在接受记者采访时说的一句话。这句话能很好地诠释出他所带领的聚豪情商务联盟的核心文化。

谈起这么多年来做直销的最大收获,张咏纯简单归纳为"信任"。在外界人看来,直销行业是个欺诈的行业,什么样的人才能拍着胸脯谈信任,或许也只有张咏纯这般真正坦坦荡荡、问心无愧的极少数人了。他若有所思说道:"直销行业是个过于被金钱充斥的行业,但是身为直销人最重要的不能只是关注钱,必须要放大自己的格局,看到更多钱财之外的东西。很多直销人为了梦想和成功付出很多,但引导他们实现梦想、收获成功的,不是钱财,而是信任。他信任你,愿意跟随你一起打拼事业,愿意把梦想和成功的砝码压在你的身上,就凭这一点,这番信任就不能辜负,要全力以赴的帮助他们,带领他们收获的不仅局限于钱财,还有健康和快乐以及自己人生价值的实现。"

驰骋商场、直销行业二十多年,张咏纯的情感却一如孩子般纯净得不含杂质,他对直销事业是坚定而执着,对于伙伴是信任与尊重,无时无刻地关怀和维护着伙伴的利益和诉求。他用大爱撑起对伙伴、系统、企业的责任,朝着"让每个人都能把爱带回家、协助公司发展壮大、帮助直销融入主流,受人追捧的"的方向日复一日、年复一年坚持不懈而努力着。

聊起人生格言,张咏纯淡淡地笑着说:"我的人生格言很简单，就是让我的亲人和朋友因我而快乐，再把快乐传递给他们，这才是心灵的快乐。"回顾这些年，张咏纯也一直是这样践行的。

他曾有过十年的教育生涯，兼具儒雅和智慧的气息，待人接物以礼为先，宽容豁达。后来做起了个体经营，重情重义的性格让他积累了不少人脉，为他进入直销行业打下了基础。转战直销后，行业的魅力让他着迷，深深打动着他，他也因此下定决心"永远只做直销"，这些年来，无论何等风浪都阻挡不了他坚持直销的决心。

责任托起直销未来

作为系统领导人，一定要肩负起团队所有伙伴的重托，承担起团队健康稳步发展的责任。作为一名直销人，更要承担起改善行业形象的使命。所以，需要所有直销人严格要求自己，以行业为重，改变格局，提升品质。凭借这样的信念，张咏纯在直销这片沃土上辛勤耕耘，锐意进取，带领聚豪情商务联盟的所有成员奔向属于他们的直销大未来。

2016年11月11日，张咏纯带领聚豪情商务联盟众多核心成员出席在北京召开的直销行业盛典，在这个云集当今直销界最顶级直销学者、直销企业家、经销商领袖的高端盛会上，聚豪情商务联盟收获了行业至高荣誉，令人瞩目。

但凡在直销行业成功的企业或系统，都是因为坚持专注而得以发展。所以张咏纯始终贯彻抓住核心业务，坚持一个原则，即：永远只做直销。他坚决反对偏离直销的轨道，反对脱离直销的本质。他认为，一个优秀的直销企业必须具备三个条件，首先必须是专业的直销企业，必须专注于直销事业的发展；其次必须拥有创业精神不减的管理团队；另外必须规范经营，确保经销商安全。只有这样，企业才能为系统提供健康的平台和良好的发展空间。

聚豪情商务联盟的文化精髓是"健康、责任、和谐"，其中责任是核心，在张咏纯的带领下，他们用珍惜和感恩托起了这份责任。每次的系统会议，现场的经销商都会被他所讲的社会责任、团队责任和家庭责任所感动，产生共鸣而落泪。他所说的责任，不是奢求所有人做救苦救难的活菩萨，而仅仅是要大家把握好自己的行为，给家庭一个交代。在他看来，只有把家庭经营好，才能有更多的时间和精力投入到团队中，有了小家的繁荣，才会有大家的成功。

在直销行业，不乏有很多成功的人，他们拥有财富和荣誉，但这仅仅是在直销圈里，走到社会他们仍然不被尊重，没有社会地位。所以张咏纯认为，直销人必须放大自己的格局，从更高的角度去审视直销，扩大直销在社会中的影响力，让直销上升到生意层，用生意人的标准来严格要求自己。

系统产业化 重在落地

作为聚豪情商务联盟的缔造者和领航人,张咏纯以其大格局、大思想和大情怀引领万千直销精英,探索系统产业化之路,凝聚"系统是集体的而不是个人的"观念,号召所有人共同经营这份事业,把聚豪情商务联盟打造成行业的标杆系统。

张咏纯认为,直销人必须放开放大自己的格局,从更高的角度去审视直销,把直销行业的魅力传播到社会每一个角落,扩大直销在社会中的影响力。

当今中国已经进入快速变革的时代,各个行业产业升级如火如荼。张咏纯作为一个具备敏锐洞察力和行业使命感的领导人,对时代的发展及行业的趋势洞若观火。他认为,在互联网思维下,直销系统的产业化一定要走跨行业联盟的可持续发展之路。于是,在2016年聚豪情商务联盟开始着手升级产业化模式,正式跨入系统产业化2.0时代。

在系统产业化升级中,张咏纯始终围绕着一个主题:要让优秀经销商成为系统产业化的主人,让所有会员有双重利润保障,这也是聚豪情商务联盟系统产业化的目的。因此,系统明确规定,凡是在奖励计划中做到一定级别的,将参与系统产业化分红。

目前,聚豪情商务联盟的产业化2.0项目正稳步推进,很多项目都已落地,并逐渐形成规模。例如,老君堂连锁店全国遍地开花,以营养保健、筋道体验、健康管理、特产直营四大板块为主，在体验为王的时代有效的完成了消费者的引流与维系。同时，以养生养老、休闲度假于一体的"候鸟人养老"项目，在原有的第一所广西北海"中国候鸟人度假养老基地"的基础上，第二所"中国候鸟人度假养老基地"在广西防城港正式开工建设。另外"候鸟人养老"的延伸项目"候鸟人文化分支协会"已经在全国各省市全面铺开，并逐渐在全国各地环境优美的旅游名胜之地，配套建立集休闲、旅游、度假、养老、娱乐为一体的康乐园。

聚豪情商务联盟的系统产业化不是行业里普遍存在的空洞概念，他们本着以具体能落地的项目为出发点，踏踏实实地走好每一步的战略布局和具体的产业化项目落地。这更不是某一个系统领导人的行为，而是整个系统大家共享产业化，体现出一人成功众人受益的宗旨。

系统产业化项目实行股份制经营，最终实现上市为目的，这是聚豪情商务联盟必须要实现的目标。因此，聚豪情商务联盟更看重志同道合的伙伴利益，吸引同心同德的高端人才的加盟，共同经营系统。

"互联网+"还是"直销+"

大众创业，万众创新的时代背景下，如果今天想要可持续发展，特别是针对直销行业，创新是必经之路。如果不能很好的创新，不能很好的改革，直销的未来可能会越来越远。在创新这个环境当中，包括产品不断更新，模式不断创新以及经营理念和经营方法。如果这些都能得到创新，张咏纯认为直销的可持续发展就不是问题，直销也会越来越好。当然在发展过程中，如何把握创新？是核心问题，不能因为创新而改变直销的本质。

"互联网+"是近两年大家谈的比较多的话题，很多行业，很多层面都在提"互联网+"。政府在提，营销行业也在谈"互联网+"的应用。而对直销这个行业来说，其实更应该讨论"直销+"，相较而言它会更有效。那么"直销+"为什么更适合当下的直销环境呢？直销最核心的、可以重复使用的资源是人力资源，而且直销本身就是一个平台、一个载体，所以直销人员需要拓展思路，可以在这个载体上，依托直销人力资源融合更多的产业，例如：直销+互联网、直销+金融、直销+生态农业等等。

张咏纯认为，不管直销与哪些产业融合，直销依然是核心业务，只是通过"直销+"的模式，达到资源共享，人力资源有效使用，甚至可以打破行业界限，达到跨界融合的目的。因此，在直销行业，相较"互联网+"而言，"直销+"更具备现实意义。

依据目标直销行业发展来看，政府会把直销行业治理的更好。未来，所有直销人都会在规范的环境当中，大家心安理得，坦然地面对自己所从事的行业。直销必然也会回到直销原来的形态，以产品为基础，以事业为导向，积极响应政府"大众创业，万众创新"的号召，造福于整个社会。

刘谏：构建全新直销生态系统

道永信企业管理咨询公司总经理
中国营养协会青岛、重庆分会会长
直销系统建设专家
荣获2016世界（中国）直销品牌节
"最受尊敬系统领导"奖

什么样的人兰是智慧的人生？一是生命活动实践成果的充分显现；二是情感结构的陶冶与愉悦。

什么样的人是智慧的人？是洞察社会、洞悉人性、胸怀大志、腹有良谋且自知之人，智慧的人离不开人生历练和人生阅历。其实以上都没有绝对的标准答案。但人是需要有智慧的，因为智慧可以提升人生质量，人生许多成就都是智慧的果实。在当今直销行业，有一位市场领袖正用自己的智慧书写着智慧人生，他就是直销系统建设专家刘谏。

选择直销，彰显智慧

在进入直销之前，内蒙古大学毕业的他曾是传统行业企业家，只用了三年时间便完成了人生第一个阶段的财富积累，30岁便当选为家乡工商联秘书长、商会副会长，以私营企业主身份成为政协委员……

MBA的课堂上，刘谏从教科书上认识了安利和安利模式，为了解该商业模式如何快速建立营销渠道以及牢固锁定终端，毅然加盟美资直销企业，从此开启自己近二十年的直销之路。

虽然当年正处在直销初入中国市场，但结合商场拼搏的阅历，刘谏对直销行业的未来信心满满："任何一个行业如果在建立渠道和锁定终端两个方面都能绝对重视或有绝对优势，就一定能够取得巨大的成绩，因为任何行业的产品销售都以这两点作为终极目标。更何况，直销给予所有平凡人一个平等的机会，解决就业问题并提倡奉献爱心回馈社会，所以，社会与大众短期内的不认可是可以理解的，随着经济的发展和认识的提升，未来的直销行业一定是全球经济发展中极具前景的行业。"

在刘谏的心目中，直销行业是一个成就梦想、目标明确、永续学习、回馈社会的行业，最为显著的是直销行业是一个人帮人的行业，只要付出了就会收获感恩和成就。所以在他转战民族直销企业的阶段，曾带领团队在短短一年内创造近5亿的业绩，收获了梦想也成就了同伴的梦想，由此也聚集了一大批忠实的伙伴，更奠定了行业领袖地位。

直销事业二十年，他经历了中国直销行业的蓬勃期，认识了行业的魅力 积累了最为宝贵和丰富的经验；他见证了直销的动荡期，坚持梦想到国外游学，不言放弃。

事业为帆 系统致胜

在刘谏看来，系统是直销教育培训和市场营销开拓的根基，是一个致力于个人成长和创业支持的机构。因此，"系统"在直销企业中是不可或缺的存在，没有成功的系统，直销企业是很难做起来的。

一直以来，为何直销系统如此受推崇？刘谏自有卓识："成功的直销企业是一个金三角，所谓三位一体。"这其中，企业为供应商，团队为市场开发者，而系统则是教育与支持者，系统可以由公司来做，培养成型后交给团队，然后团队按照成功的系统化运作进行复制传承，当然，系统也不能独立于公司和团队而存在，公司、系统、经销商是互为树与藤的关系。

刘谏特别重视系统化运作及系统文化建设，作为系统的领导人，他将"尊重、支持、正念、感恩"注入团队的管理内涵之中，倾心组织一支高效团结的队伍，打造稳定、高效、忠诚的领导人团队。

在系统中"尊重"是伙伴间沟通的前提；"支持"是精诚合作的保障；"正念"是事业的底蕴；"感恩"是比成败

更重要的君子风范。"在我们的系统中,各个团队都相互尊重、相互支持、正本求源、感恩你我。"刘谏欣慰的看到,这十六字的内涵,已经凝聚起了各支团队。

直销行业发展至今,跨界融合的新模式、新业态层出不穷,直销业创新升级新动力正在形成。在习近平主席提出亚太地区要"共同发展、开放发展、创新发展、联动发展"的倡导下,刘谏坚持"与企业共享、与伙伴共赢"的系统发展战略,为每一位有梦想、有智慧、有恒心的伙伴提供舞台和机会,共同立足大健康产业,共同造就直销事业传奇,共同为全球家庭创造需求、引领潮流,共同实现没有上限的美好人生。

利他主义 无限可能

在一次系统会议上,刘谏讲了一个故事:你们知道天堂与地狱的区别有多大? 其实,天堂与地狱看上去并无区别,或者说表面上它们是完全相同的地方,但细细追究,两者唯一的不同是他们的善恶之心。同样围坐在一锅鲜美的面条前,地狱的人们争先恐后,抢着用筷子在锅里面夹面条,然后放进自己的嘴里,但筷子太长,面条送不到嘴里,没办法他们只好去抢他人夹的面条,你争我夺,面条四溅,最后谁也没有吃到;而天堂的人们则不同,天堂的人们用长筷子夹住面条,往锅对面人的嘴里送,说着"你先请",执拗不过的人先吃到了面条，作为感谢和回馈，他们也帮助对方夹面条，如此一来，每个人都能从容地吃到了面条，每个人脸上都喜气洋洋。

故事说明了什么呢？ 刘谏接着说，这实际上就是幸福与不幸的区别。而导致幸福与不幸的原因，竟是人们是否有"利他"之心。

"奉献社会，奉献人类"的利他精神，即谋求公共利益高于私利的精神，刘谏认为，这是从事商业活动的基本伦理规范。

可能有人会认为，在弱肉强食的商业社会，所谓的利他、爱、同情心好似天方夜谭，也有人说，"你在好听的话语背后，不知道隐藏着什么目的"，面对此种言论，刘谏总是和颜悦色地讲，"我并非花言巧语，也没有任何企图，我只是直率地把自己的信念传授给他人，同时自己牢记在心认真实践"。

在众多直销平台中，刘谏更看重企业的生态系统，在一个生态系统中，有水、阳光雨露这样的自然环境，同时有不同的生物形态。而企业就是给生态提供滋养，一方面靠产品品质和品牌影响力创建大数据库；另一方面靠提供大数据资源净化环境、降低风险因素。企业通过创建这样的平台，把更多的直销机构和参与方以及用户连接起来，共同服务用户。这个生态系统将会不断进化，越来越丰富，越来越广阔。

展望接下来的五年，刘谏最期待的是"互联网+"和"大众创业、万众创新"对中国经济转型的促进。构建"互联网+"的生态平台，以用户为中心的精神影响到很多商业理念的变革，小微企业、个人消费者在经济结构当中的重要性将继续凸显。

"选择"是直销永恒的命题

随着2005年直销立法以来，直销行业在有法可依的大环境中得到了长足的发展。过去一提到直销，人们不禁"谈虎色变"，如今直销已经被大部分老百姓所接受，成为中国经济社会中不可或缺的组成部分，直销产品以它的高品质走入很多普通老百姓的生活。政府部门随着逐渐对自身行业监管职能的适应和监管能力的增强，在不断地放开直销企业的准入门槛，发放直销牌照的速度在逐渐加快。很多传统企业看到了直销行业的前景，纷纷转型加入直销行业之中，近几年，我们欣喜地发现，在中国的大地上，直销企业如雨后春笋般涌现。在可选择的企业越来越多的时候，对于直销人来说，选择一个适合自己的事业平台，已经成为摆在每一个直销人面前的重要课题。

根据他多年从事直销行业的经验和现今行业发展趋势，刘谏认为，选择一家企业，合法身份至关重要，尤其在直销立法以后，选择一家具备商务部颁发了直销牌照的企业，将会免去很多不必要的麻烦，事业拓展的过程中也会很有底气，有助于事业的持久发展。同时每个企业都会有他的不同发展阶段，选择什么时机进入一家企业，决定着你在这个平台上能够达到的高度，所以我们说能否搭上企业快速发展的黄金时段，需要我们在考察一家企业的时候明确企业发展状态和所处的发展阶段。

如今参与直销的企业当中大部分都是民营资本，所以，一家企业的核心文化、管理风格，甚至企业的寿命都跟这家企业的老板有着千丝万缕的联系。预测企业的发展前景，未来能走多远就要看企业的老板是一个怎样的人，有什么样的背景，文化理念，同时更要关注他的为人处世的原则和事业格局。没有大格局的老板很难称之为企业家，也很难吸引专业的管理团队与企业共同发展，也很难吸引优秀的经销商共襄盛举。

我们说产品是直销行业的本源，在直销行业经常会听到一个词"正本清源"，由于直销行业的快速发展，带来了很多虚假的东西；由于直销行业快速致富的风气，让人们心浮气躁。所以很多理性看待直销的人们不断在呼吁还直销以本来面目，让直销回归到产品本身，以真正为老百姓提供优质的产品和健康的生活方式为目的，所以产品的品质和核心技术是直销企业发展的命脉。

最后我们会更加关注一个直销企业的制度和教育体系，制度的不同决定着我们财富积累的速度和事业发展的规模，也决定着我们要用什么样的策略去推广我们的事业，所以一个好的直销企业必定会给经销商一个充分展示才能的舞台，用完善的教育体系去帮助经销商打造一个完美的事业团队。

重塑直销行业价值观

深化改革中的中国市场经济，正在与国际全面接轨，规范的直销必将成为中国市场经济的一个重要组成部分。关于这一点，我们从国外多年的市场经济成熟状态中可以看到，当前中国政府也逐渐履行全球化的国际准则，承诺放开外资进入直销领域的限制。对于发展不太完善的中国直销市场是一次考验，同时更是一次难得的发展机遇，借此契机中国直销可以重新塑造行业价值观，树立行业自尊。

直销本身是一种正当的职业，它以高品质的产品和面对面顾问式的服务走入很多普通老百姓的生活，给众多过去看似没有条件创业的普通人一个成就自我的机会，这是经济社会成熟进步的体现。只是在它的发展过程中，让一些急功近利的人在政府监管不成熟的情况下，把直销带向了错误的方向，在个人利益的驱使下让整个行业充斥了一些不和谐的声音和不规范的运作，这也是一个商业环境从无到有、从懵懂到成熟所付出的代价。

我们都知道一个行业只有提供优质的产品和高质量的服务，才会赢得更大的消费群体和经营群体。通过销售产品可不断推荐新的人员从事直销业务、扩大销售队伍，增加企业盈利，能为国家创造更多的税收，直销员也因此生活大有改变，顾客在家就能享用物美价廉的产品及优质的服务。因此，直销不仅搞活了企业，为国家创造大量税收，为社会解决了大量的就业人员，更是改变了许许多多人的生活状况，同时也方便了消费者，大大促进了国民经济的发展与社会的进步，是利国利民的商业模式。也是有利于企业和个人发展经济发展、社会的安定团结、减轻国家负担的良好职业。

随着直销行业的成长，我们也欣喜地发现行业环境随着整个社会的进步正在发生着积极的变化。政府部门随着逐渐对自身行业监管职能的适应和监管能力的增强，在不断的放开直销企业的准入门槛，发放直销牌照的速度在逐渐放大。很多传统企业看到了直销行业的前景，纷纷转型加入直销行业之中，让整个行业有了更新鲜的血液和更理性的思考。

尤其在"大众创业、万众创新"的时代潮流中，直销行业以其独有的魅力逐渐被推上前台。在聚光灯和大众视野的关注下，开放的直销行业必定会摒弃以往浮夸炒作之风，以创业激情和创新模式找到前行的方向，以理性的姿态和自尊的形象拥抱万众的选择。

我们处在一个伟大的时代，广阔的行业市场，强烈的创业热情，开放的从业环境，空前的消费力，在大健康产业蓬勃发展的今天，直销注定会给那些有准备、有梦想的人提供大显身手的舞台，给大健康事业的追随者一个美好的未来，圆中华民族一个健康中国、美丽中国的期望。

第三章
领导人的悟性修炼

感知当下,与时俱进

在企业变革和转型的过程中,我们经常需要和团队一起进行共同探讨和研究。这个过程往往是团队共同创造和形成共识的奇妙旅程,这个过程我们需要一种重要的能力,笔者称之为感知当下。

具备了感知当下能力的时候,会与团队进行战略共创的那些不经意的瞬间,感觉到各种灵感的浮现,创意的涌动,以及过去所不知道的各种知识的奇妙连接,这种感受只有真正经历过的人才会有深刻体会。

而且更奇妙的是那些从团队中涌现的各种智慧,所形成的各种观点,似乎当它们真正浮现的时候,是那么的浑然天成,不加修饰,甚至最后形成的那个战略创见和战略构想,也似乎本来就在那里,我们只是和大家发现了它而已。当我们经历了那一时刻,当将那个发现呈现给大家的时候,众人会睁大眼睛说"啊,就是这个!"

在销售领域就是如此,要善于感知当下,抓住顾客的心理,有时候顾客挑选产品,更多的时候是奔着人去的。因为他们本身对产品的信息就缺乏了解,哪种产品好他们也不知道,这时候,他们就会跟着感觉走。而我们要想获得这些客户,就需要给他们这样一种感觉,让他们觉得你很熟悉产品，并且能真正为其带来需要的产品和服务。我们常常在生活中或者电话里听到："XX先生（小姐），您好，我是某某，我们目前正在销售XX产品，它的价格是XX，它的性能……"，对方一听肯定直接挂电话或者直接走开。为什么，因为这些话太老套了，人们已经听得耳朵生茧了，但却总是觉得距离他们很遥远，原因是这些话往往让他们心生排斥，说不进心里。

很多销售菜鸟往往会碰到这样的情况：自己每个月从头忙到尾，成天打电话，上门约见客户，到月底却收获无几；那些"老油条"整天优哉游哉，打几个电话，跑几趟客户，却收获颇丰。原因就是他们准确把握住了客户的不同特点，用最有效的沟通手段和方式成功拉近了与客户之间的关系，抓住了最佳的交谈时机，因此确保了工作的高效。这便是一种对销售这份工作的正常觉知。这是销售领域中的现象所蕴含的规律，也是团队领袖必须深刻理解的，只有帮助团队伙伴领悟这一规律，他们才能用正常的觉知来应对工作中碰到的各种问题。

实现对事物的正常感知之所以比较困难，除了事物本身的多样性之外，另一个重要原因则是因为事物是时刻处在变化之中的。从哲学的理论来看，这个世界的万事万物时时刻刻都处在变化之中，不变是相对的，而变化却是绝对的。所以如果你想成功，就必须在感知当下的基础之上，做到"与时俱进"，要学会用发展和变化的眼光看问题，只有这样，才能实现对事物的正确认知，也就是我在这里所讲的觉知。由此可见，世间的万事万物时刻都在发生这变化，常常今天是这样一种状态，明天可能成了另一种完全不同的状态。没有哪一种事物会一成不变地让你去慢慢研究，如果我们不能用变化的眼光看问题，就不能感知当下。

　　"感知当下"与"与时俱进"是相辅相成的，你要想管理好团队，成为一个睿智有远见的团队领袖，就必须要有敏捷的感知当下的能力，只有具备了这种洞察能力，你才能与时俱进，以创新的思维来应付市场的变化，销售人员及消费者的心理变化。因此，要想对某一事物剖析了解，就必须要多接触、多思考、多研究，只有通过觉知来认清其本质和发展规律，才能成为销售海洋中的英明的舵手，在惊涛骇浪面前都能从容应对，笑看风云。正如我们中国有句名言说的那样："读万卷书不如行万里路"，感知当下是与时俱进的基础和前提。

努力成长顺便成功

成长,意味着一个人的思想更加丰富、心灵更加充实、能力不断增加、经验日益丰富、意志更加坚强、个性更加圆润。而停止成长,则意味着一个人停止了对思想和精神境界的追求,就像一棵树的树枝不再伸向天空,没有了触摸蓝天的渴望,就算活着,也没有了梦想和激情。

很多人在看待人生时都存在一个误区,那就是更加看重成功,而常常忽略成长。成功是什么?按照世俗的定义,当一个人在社会上取得了财富、名誉和地位时,我们就说这个人成功了。但事实上,这一成功的定义本身就是有问题的,因为从本质上讲,成功不是得到了什么,而是一个人成长的自然结果。成功不是某种静态的东西,可以任人平白地"拿来",因为凡是唾手可得的东西也极有可能随时失去;成功是一种成长,而成长源自一个人的内心,得到了就是永恒。

人们在看待成功时,通常用一种简单粗暴的方式:只看成功本身,而不去探索如何成功的路径。成功是怎么来的?是通过自身艰苦卓绝的努力得到的?还是通过权钱交易的阴谋得到的?如果一个人得到的财富、名誉和地位不是通过自身不断的完善和光明磊落的努力得到的,那他所谓的成功就是令人鄙视的,这种成功也和成长毫无关系。如果一个人的成功是和成长相连的，是通过不断努力而取得的，那我们就有理由相信，这样的成功会比较长久。

对不同的人来说，他们会根据不同的能力来定义自己成功的标准。也许我们所认为的成功在那些更优秀的人眼中什么都不是，因为他们已经成长到足够的高度。比方说一个月入5千的白领，如果哪一天因为表现好而收入上千他就会觉得这一天自己是成功的，但对那些亿万富豪来说，如果他们一天收入一千，那么只能定义为失败的一天。正是这种成长高度的不同，导致了标准的差异，由此可见，成长比眼下的成功更重要。人们常说："失败是成功之母"，而且如果我们能够从失败中吸取经验教训，那么失败不仅是成功之母，而且会是"更大成功之母"，这就是成长的意义所在。

在管理团队的过程中，也许每个人都经历过失败，但正是从这些失败中学到经验，提高自己的领导能力，原来那些可望而不可即的团队目标就会成为一种发展常态。这就是成长的意义。那些团队领袖中的菜鸟常常会羡慕那些已经功成名就的商界大亨，但我们有没有想过，这些卓越领袖能有今天，并不是一蹴而就的，他们也是通过大量的失败和不断接受经验教训成长起来的。所以说，如果我们眼里面只有成功而不去想着让自己获得足够的成长，那即使成功了也将会是暂时的。

通常刚刚进入销售领域的新人会出现两种情况，一种就是一进去就爆发，接着连续几个月没有一个客户，原因就是缺乏成长和积累；另一种则是一开始两三个月没卖出一件产品，之后便能出现持续稳定的业绩，原因就是前期进行了大量客户资源的积累，同时在大量的失败中总结经验教训，让自己获得足够的成长，这种稳定的业绩也是自然而然的。而那些前期爆发的新人，他很可能会因为接下来长期没有业绩而难以接受，最终离开单位。这些人之所以会高开低走，就是没有理解成长和成功之间的关系，没有看清楚成功的真正原因。他们将这种幸运式的爆发看作是自己真实能力的体现，因此没有从心理和实际行动上来继续提升自己。当失败来临时，他们会手足无措，最终因为接受不了心理的煎熬而选择离开。

类似这种不正确的发展思想正是团队领袖应该注意的问题，当我们评价一个团队伙伴是否足够优秀时，我们不能仅仅依据他当前的成绩来判定，而是要看他是否有足够的成长空间。这也是为什么一些人取得骄人的业绩时，团队领袖在给予其肯定的同时还会提醒他要谦虚谨慎戒骄戒躁，领导的目的就是为了防止这些人因一时的得意而骄傲自满，错失了自我成长的的机会。所以说，与其盼望通过幸运来实现那些高目标，还不如去用足够的成长将它们变成力所能及的常规目标。

人生路漫漫，我们在面对任何问题时，都应该站在长远的角度来看问题。当我们在遭遇挫折时，不要总是站在失去成功机会的角度上来考虑自己的损失，而应该冷静下来，总结自己的经验教训，让自己从中得到提高和成长，也许从这以后，我们将有更多更大的成功机会。如果你眼里总盯着成功，不去考虑用什么来获得成功，当你遭遇失败时，除了唉声叹气之外，也许你什么也得不到。

可以说，成长是一个人不断取得成功的加油站。

如果一个人继承了一笔遗产、中了一份彩票，或者因为考试猜对题目而得到了一次高分，这不叫真正意义上的成功，因为它与成长无关，不可复制，存在极大的偶然性。试想，如果此人想要再继承一份遗产，再中一次彩票，或者再猜对一次题目，还会那么容易吗？但相反，如果一个人勤奋工作、努力学习，每天进步一点点，最后实现了自己的梦想，那么他的成功就是一路成长的必然结果，未来更多的成功也可以用同样的方式复制。所以，持续不断的成功必然和成长相关。当我们谈论一个人成功的故事时，其实就是在谈论他不断成长的过程。并非所有的成功人士都值得尊敬，除非他有一个令人感动的成长过程。

现在的年轻人通常只追求成功，不追求成长，这是一件令人悲哀的事情。这就像造一所房子，只追求房子的高度，却不努力把地基夯实，房子到了一定的高度必然轰然倒塌。只追求成长，不追求成功，让成功成为成长的必然结果——

这就是通往成功的最正确的道路。所谓的"只问耕耘，不问收获"其实表达的也是同样的意思：耕耘是不断的成长，收获是必然的结果；如果我们只向往结果，人生必然拔苗助长，最后枯萎而死。我们都见过飞舞的蝴蝶，在展翅飞翔的一刻，她是如此美丽，但请别忘了，在美丽的背后，她曾经有过毛毛虫笨拙的爬行、织丝成茧的辛劳、黑暗之中的等待，以及破茧化蝶的痛苦。

　　所以说，成长往往是走向成功的前提，成长获得的各种能力和素养是我们获得一切成功的基础，如果我们本末倒置，不注意让自己获得充分的成长发展，就不会获得长久和重大的成功。个人成长在于自我反省，团队成长在于集体反思，只有在反省和反思中总结经验教训，个人和团队才能实现成长。作为团队领袖，一定要有这样的远见，懂得通过不断提升团队伙伴的能力让他们获得足够的成长，只有在这些团队成员不断成长的情况下，团队才有可能不断创造出一个个新的更大的成功。

觉知便是拥有

巴关说:"去了解头脑的内容一点都不重要,它可以是任何东西,只要如实如是地去体验。"因此,不需试图改变,改变是不可能的。

但是,如果你不去改变,问题怎么解决?

现实生活中,我们总认为自己有问题,就觉得需要做点什么来改变现状。而觉知告诉我们,觉到、知到就放下,改变就会发生。这时,你就试图想改变对自己的评判,这随之升起的第二念会让我们痛苦、内疚、惭愧、愤怒……

可以说,你所有的爱都是有条件的,所有的喜悦都是有条件的,所有的感情也都是有条件的,这就是事实。并且你不要因此觉得不好,不要回避,不要试图解释,而跟事实共处,就是你觉知的开始,就是你必须去做的事。简而言之,开始是觉知,中旬是觉知,结束也是觉知;觉知是第一步,也是最后一步。当你觉知时,你就全然觉醒了;当你觉醒时,你就能生活,而不仅是生存了。

其实,生活是一部你可以享受的美丽电影或美好的书,没有比这更好的电影,也没有比这更棒的书了。但你若没有觉知,就无法阅读它。

觉知即是一切,即是拥有。

1、探究你自己压抑情绪的根源

觉察并放下情绪阻碍并不一定非要完全了解其根源。那些根源常常很久远，存在于这一生或某些前世。最重要的是感受并认知内在那些根深蒂固的情绪，做到这一点，就能够释放它们。你感到忧伤、沮丧或愤怒，这些情绪进入你的觉知，使你认识到自己曾经压抑了它们。

在释放过程中，可能会有某些画面或者回忆浮现出来，你可能忆起童年发生的某些事情，或者会看到一些无法理解的画面——它们常常来自前世。深入了解这些画面或回忆或许有一定的帮助，尤其是为了释放被压抑的情绪。不过，回溯不是为了探知到底发生了什么事情，而是了解你当时的感受和体验，了解你对所发生的事情有哪些情绪上的反应。

从这一角度看，寻找根源有一定的帮助，因为它将你带近自身的感受。它可以帮助你了解'现在的自己'，了解你为何对某些事情产生某种反应。它助你对自己更加理解和慈悲，理解和慈悲具有疗愈作用。

但是不要在细察情绪模式根源的过程中迷失。这其中的陷阱是：它有可能变成'大脑的练习'——你过度思考过去可能发生了什么。没必要追溯具体发生的事情，要跟从自己的感受，看看在情绪层面上都浮现出什么，这才是出发点。

我现在有什么感受？因为什么事情而烦恼？以开放的心态，不带任何评判地慢慢进入你的情绪，看看它们想对你说什么？有时，你的感受确实邀请你去探知情绪的根源，那么就跟从你的感受，跟随那些浮现出来的画面和回忆，任讯息自由地浮出，感受恍然大悟的那一刻："现在我明白了！"。

有时，你只是觉察到情绪负荷，觉得静静地感受它就已足够。静静地感受就是疗愈的能量。

2、带着觉知，规划生命

生活中，我们所有的争取，不管是对资源、机会、物质、情感等等，实则都是对时间的争取，而时间就是生命。所以，管理时间的能力，将决定着我们的生命质量。什么是重要的？什么是紧急的？什么是次要的？我们需要对这些概念有一个明确的定义和态度。

比如经营企业，文化建设重要，团队培养重要，搭建平台重要，但是这些事情，貌似并不紧急，并非一蹴而就。因此，有的人就视之为非主要事情。然而，这些"并不紧急的重要事"对于企业能走多远、站多高起着关键性作用。

与之对应，一项突发事故的处理决定、一张报表签字、一次商务会面、一份合约探讨、一个电话回复……这些事情看起来都很紧急，而且可能时时刻刻发生，所以，很多人就视之为主要事情，把时间、精力、智慧等都放之于此，而无暇顾及那些"并不紧急的重要事"。

所以，我们看到很多老板、高管、经营者，无时无刻不在忙碌，看手机、回电话、签字、会客等等，整块的时间支离破碎——而且，这种节奏一旦形成惯性，就很难扭转。因为，越是紧急越催促着人去解决，越是没有时间去做真正重要的事情，于是催生出更多时刻可能发生的紧急事情——这是一个恶性循环，根本原因是我们没有把主要精力放在主要事情上。

而对于高层管理人来说，应该把 70% 甚至更多的时间放在那些"重要但不紧急"的事情上，比如思考定位、确定目标、规划发展、精神建设，用整块的、清醒的时间来深入想清楚这些事情，并从容地安排、部署、指导团队去执行。剩下 30% 的时间，处理"需要出面的"的紧急事物，而那些"不需要出面的"紧急事物，理想状态下，则没被反应上来就已经被有效处理。

3、觉知生命的意义

将上边的道理放到我们的生活中，同样适用。

健康重要吗？感受爱与被爱重要吗？孝敬父母重要吗？不断充电让自己富足重要吗？毋庸置疑，这些才是构成生命价值和意义的真正主要的事情。然而，都不紧急，都可以为"看似紧急"的事情让步——于是，我们在妥协里走向恶性循环——越忙越没有时间真正地建设生命，导致紧急或意外的事情越来越多，占用更多的时间……直到某一方面预警甚至崩塌。

其实，生活不在别处，脚下即是远方。

如果我们被那些紧急忙碌的事情吞噬着，生命的空间也会越来越小，越过越紧张——被紧急占满的生命，就像是停满了汽车却没有绿地的城市。我们应当从容不迫地做事，应当愉快轻松地吃顿饭，应当静静地冥想、品味茶的芬芳，应当看出四季的变化，听见下雨的声音，闻到百合的花香，应当有时间陪家人聊聊昔日的温馨，跟孩子说说童稚的笑话……

在我们的一生里：重要的事情，也许不紧急；紧急的事情，也许不重要。

干净的空气是重要的，汽车、烟囱、大楼是紧急的；知足感恩是重要的，欲望和索取是紧急的；健康幸福是重要的，医院、疗养是紧急的……关注那些一点也不紧急，但是非常重要的事情，才是我们生命应该做的主要事情。

不管是工作还是生活，觉知到时间的稀缺和宝贵，分清何为重要、紧急、主要、次要，有次序有节奏地分配精力，就能离丰满的生命更近一些。

4、觉知，放下

在销售领域同样如此，我们常常会看到一些销售人员，整天处在矛盾纠结之中，想给客户打电话，又怕催急了会把这个客户打死，不打又觉得客户的购买欲望会下降，会被等死。于是和客户联系时，自己会紧张，不知所云，联系完之后会后悔自己的决定。但如果不和客户联系，他们同样承受着心理的煎熬，害怕夜长梦多。实际上，如果他们能抛开这种想法的影响，按部就班地和顾客沟通，也许效果会好得多，但往往很多人都做不到这一点，因为他们放不下得失心。

正是因为放不下得失心，很多销售人员在和客户交谈时完全就是一副接受施舍的的样子，一点高度都没有，他们幻想着这样能博取客户的好感甚至是同情，然后同意购买你的产品。但现实是，客户心理会这样想：这个家伙身段放得这样低，肯定是心虚，要么就是价格太高，要么就是产品太次！结果可惜而知，客户肯定会对你百般刁难，甚至像骗子一样立马闪人。

所以说如果我们能有这样的觉知，并学会放下，那么一切在你心中已经放下的东西都将在现实中获得。有时候，无欲无求才是获得一切的最佳状态。当我们在和客户交谈时，能从心中放下销售获利的这种想法，那么我们就会带着一种和朋友聊天甚至是为人们的某种需求提供帮助的心态去面对他们，因为你的朋友或者接受你帮助的人一般是不会拒绝你的。如果能达到这种境界，你就能在销售领域无往不利。

这种心理和行为每个人都活或多或少有一点，可以说是每个人都会具有的心理弱点，当我们对某一个事物产生觉知的时候，我们就不可能放下，它将对我们的心理和行为产生或多或少的影响。这种影响除了激发我们获得冲动之外，将给带来更多的心理和行动障碍。

一个有魅力的团队领袖，一定要有"泰山崩于前而面不改色"的沉稳。要达到这种境界，不能去强装，而应该有一种放下的觉悟。只有这样，你才能在任何时候都能保持沉着。如果连你都无法淡定，那么你手下的团队成员内心会更加骚动不安。有的团队领袖一看到团队的业绩不好就着急上火，对团队成员脸不是脸鼻子不是鼻子，好像大家都欠他几百块钱似的，这种状态不但无助于提升团队的工作业绩，反而会带来反作用。现实生活就是如此，往往我们越在乎的东西越容易失去，当我们觉知事情根源、学会放下、坦然面对挑战，带着一颗平常心去从容面对时，也需我们将收获到更多。

放下产生力量

积极地思考和行动,勇于直面今天的困难与挑战,就能得到肯定和理想的结果。这是一个看似很简单的道理,但真正拥有这种人生态度的仍是极少数。因为我们总是受困于忧虑、空想、抱怨、自卑等诸多负面情绪,为自己制造了太多的包袱,让生活充满了障碍,并养成了消极避世的习惯。压力虽无法避免,但我们可以学会"放下"。唯有懂得放下内心那些偏执的臆想与负面情绪,人才能在逆境中活得快乐。就像中国的一句古话:拿得起,放得下。

获得一件东西也许看起来很难,但是要放下一件东西却更难。人是一个复杂和矛盾的综合体,因此我们在做选择的时候,内心可能会有几分纠结。放下之所以很难,是因为每一个人都有自私和自负的一面。当我们拥有一件东西时,不管是好是坏,我们会把其当成自己的东西,而且很多时候我们很难看到其坏的一面。而且这些存在的东西,会与我们产生联系,从而成为维持我们自然状态的重要因素,一旦失去,就会让我们有不适应感。甚至会让我们产生一种损失感,这应该就是很多人放不下的原因。

所以说,放下是需要勇气和力量的。但不可否认的是,放下又极具现实意义。这也是很多时候我们必须要战胜自己以及各种不利的外部环境而勇敢放下的重要原因。很多人之所以放不下或者不愿放下的原因是他们看不到放下的意义所在。有的时候，那些看起来字面意义上的放下，对我们来说实际上是一种解脱，因为这些东西是束缚我们前进的累赘，如果我们不放下它们轻装前进，就只能成为亦步亦趋的缓慢前行，因此而失去更多应该追求的目标。

尽管对于放下，很多人有不同的看法。其实，放下是一种智慧的选择。处事时，该放就放，该断就断，不要因小失大。放下是一种随其自然的心态，人生总是在取舍之间，面对不同的选择，应该学会放下，学会满足，这是智者的心态，也是成功的阶梯。人只有放下生活中不必要的东西，才能迈出洒脱的一步，活出自我的风采。

那么，在销售领域我们应该放下什么？如何放下？是我们应该去思考的问题。销售可以说是一个与名利非常靠近的领域。我们无时无刻不在受着名利的诱惑。好的销售业绩带来的丰厚收入以及上司的欣赏和同事的羡慕，都将带来强烈的满足感。因此，我们会有很多的放不下。

首先，我们放不下一颗追逐名利的心，也就放不下在客户面前的自卑、怯懦、曲意逢迎。这些不但让你常常觉得违心，甚至连同事和客户都觉得你水平不高，人品有问题。当你在产生这些想法，做出这些行为时，会认为这些会让客户因此而对你产生好感，让你获得这单生意，收获到金钱名誉。

哪怕你觉得或者别人向你指出这些缺点时，你又会觉得如果不这样的话，可能会失去这些客户。当你自己也不知道这种改变带来的利弊得失时，你就会去遵从自己的下意识想法和行为，甚至会对那种来自于内心深处或者外界的指正产生抗拒感，因为你已经习惯了。有时候哪怕你明知此举不可违，但一旦你在客户那里碰到钉子，你就会将它当成一根救命稻草一样把它抓过来用。

其次，在和事业伙伴相处时，你又很难放下那颗攀比心。当同事工作成绩比你好时，你会觉得自卑，继而产生嫉妒心理，觉得这将让你的发展环境变得恶劣。于是你会处处和同事比较，争抢客户资源，甚至暗中使坏。当你觉得这种心理太现实和阴暗，这种行为属于恶心竞争，应该放下时，你又会去考虑这些所作所为可能带给你的现实好处，于是你便会犹豫不决，甚至继续坚持下去。这就是放下的困难所在。

如果说追求是我们人类来自于最具自然属性的、应激性的秉性的话，放下则是一种后天修炼的智慧。我们为什么要选择放下，是因为有些是我们无法得到的，正如古语所云：鱼与熊掌不可兼得。这个道理也许每个人都懂，但真正让他们将鱼舍弃的时候，他们却少了这一份果决，因为他们在内心中是想将二者兼得的，当他无法战胜内心的欲望时，他就会屈从，于是不想也不敢去放下。

正如佛教中所说的"放下"，不是说什么都不要，而是说究竟要什么,要多少,这才是最重要的。利奥·罗斯顿曾说过:"你的身躯很庞大,但是你的生命需要的仅仅是一颗心脏。多余的脂肪会压迫人的心脏,多余的财富会拖累人的心灵,多余的追逐、多余的幻想只会增加一个人生命的负担。"而人生苦短,必须学会放下,才能享受真正的人生快乐。

"当断不断,反被其乱。"我们应该保留生命中最纯粹、最有价值的部分,放弃累赘,调整心态,这样才是最好的选择。在当今社会,想要找一个理想的职位并不容易,除了与整个客观环境有关外,也与许多求职者心态不稳有关,即好高骛远、自命清高,大事做不好,小事不愿做,满腹牢骚,虚度了许多好时光,人生短短数十年,转眼即逝,一旦选准了目标就要追求。但是,当目标不适合自己时,应果断豁达地放弃,懂得以理性来面对一切,这样才能够柳暗花明。懂得放下执着,才能获得新生力量,才会赢得更多的回报。放下是另一种方式的拥有,学会了放下,就是成全了自己的幸福。

所以说,所谓放下的力量,实际是战胜自我内心各种不良心理因素的能力。很多人总会将自己和内心捆绑在一起,在对外是能团结一致,但在和自己的内心进行斗争时往往都是屡战屡败,因为每个人总认为自己是对的,即使错了也不会去苛责自己,包庇、隐瞒、纵容肯定要比对自己最亲近宠爱的恩要厉害得多。当我们没有战胜自己的足够力量时,我们也将不会拥有放下的力量。

认知自我和谐相处

一个小和尚和跟着师傅学书法，师傅对他说："你从'我'字开始练习吧！"

小和尚的信心十足，一天又一天临摹着名家的字帖，写着不同风格的"我"。几天后，他觉得练习的差不多了，就挑了几个自己比较满意的"我"请师父点评。师父看了看，摇了摇头，说："继续练习！"

小和尚静下心，又努力地练习了六个月，直到字帖上的"我"临摹的有九分相似了，这才拿去给师父点评。师父认真的看了一会儿，点点头说："有进步，但是还要接着练习。"

小和尚回来后继续练习。随着时间的推移，他逐渐将一些名家的书法熟记于心。有一天，他随手写了一个"我"字，那已经是取诸家所长，自成一派的作品了，他感到很满意，便又拿给师父去评鉴，师父带着微笑，欣赏了很长一段时间，意味深长的对小和尚说："你终于会写'我'字了！"

在书法中，"我"这个字很难写，因为简单的一个"我"字包含了在生命中的自我认识和自我坚持，小和尚在写"我"的同时，也明白了人生的真谛——努力学习，认真实践，坚持不懈，不舍不弃，享受整个过程，在过程中得到快乐，最后，自然就会水到渠成。

人和人的区别在哪里？不在于他叱咤风云还是庸庸碌碌；是腰缠万贯还是一贫如洗；是影响深远还是生如过眼浮云；也不在于他是位高权重还是平淡无奇。这些只是我们一眼可见的区别，人和人真正的区别在于正确的自我认知。

因为有正确的自我认知，才知道自己想要什么，能做什么；知道要实现目标需要具备哪些条件需要怎样努力，并会锻炼自己的毅力、耐力和能力去实现这些目标。

首先，正确的自我认知，要通过判断，知道自己想要什么能做什么，知道自己的价值在哪里。明确了目标才会有方向和动力，而这只是自我认知的开始，大多人却停留在这个层面没有跳出来，所以理想就成为了天方夜谭，无法自我实现和自我超越。

其次，正确的自我认知，还要进行对比。明确要实现目标需要具备的条件和能力，并经常和自己的现状对比，看已经具备了哪些，哪些还有所欠缺，根据差距去不断地努力和完善，逐步的向目标开进。

再次，知道自我价值以及实现条件并不是自我认知的全部，还需要不断地去锻炼自己的毅力，不盲目地知难而退；锻炼自己的耐力，不盲目地急功近利；锻炼自己的能力，而不只是夸夸其谈；规划实现目标的步骤和方法，使工作可以有条不紊地持续渐进。

最后，还要不断地完善目标和方法，不断实现自我超越。

客观条件在不停地变化，主观方面也应不断发展。也许目标提前实现，或者之前的目标偏低，亦或是现实条件对个人要求的提高等等，都需要我们不断地提升自己，完善目标。

综上所述，人与人之间的区别就在于能否自我正确认识，不能正确认识自我就无法自我完善；不能正确认识自我，就无法实现自我超越。只有正确自我认识才能自我完善自我超越，走在前列，登上顶峰。没有自我认知的人是盲目的，没有正确的自我认知的人是无知的，有了正确合理的自我认知，才能不虚度光阴，不浪费生命，才能找到自己的位置，实现自我价值。当然，有了清楚的自我认知才能让自己成为一个和谐的整体，才能战胜自己。

在这个世界上，能够给你最大帮助的人是谁？答案是：自己。在这个世界上，你最应该战胜的对手是谁？答案还是：你自己！由此可见，在这个世界上，自己才是我们必须要战胜和团结的对象。当然，我们常常都说：要战胜你自己。但是战胜之后怎么办呢？当然是团结自己，因为我们还需要依靠自己去战胜困难，最终获得成功。

首先，你要对自己有充分的了解。虽然这个世界上与我们最亲近的人就是自己，但我们最不了解的往往也是自己。如果我们不了解自己，那么从我们内心满处的邪念和非分之想常常会被认为是理所应当，可能给自己或者这个社会带来的危害是无关紧要的。如果我们不能站在一个更为客观和公正的角度来看待自己，我们就会成为心灵的奴隶，也就不会学会戒急用忍。那种完全随心的行为和意念，实际上是一种身心的巨大不平衡。虽然你看起来能够享受到短暂的心灵愉悦，但最终一切都会走向毁灭。

在这个社会上，我们常常会听到因为工作劳累过度而过劳死的消息。当然，其中很大一部分是因为一些企业不尊重劳动者权益，为提高产量超时加班所致。另一部分则是因为一些人为了能做出业绩，获得更多的收入或者升职加薪的机会而自愿这么做。这就是一种不尊重自己身体的现象，虽然身体被这种欲望所控制，会配合着去执行，但却会用死亡来做出最有力的回击。

在销售领域同样如此，只有我们心灵上接受这份工作，同时在现实能力和技巧上能做到驾轻就熟，我们才能用最佳的状态来从事这份工作，同时以此为乐。也就是说，只有从心底喜欢这份工作，同时让自己具备一个优秀销售人员应当具备的外在能力，我们才能在销售这个领域获得最大的回报。如果我们只是喜欢这份工作，但并没有具备这方面的才能，或者天生不适合做销售工作，只会带来现实的巨大冲击，让自己的身体受累。尽管心中喜欢，但如果强行如此，也会让我们本身难以承受。所以在生活中，你与其强行控制自己，不如养成一种习惯，这便是一种自我的和谐。当然，和自己和谐相处的方式有很多，我们虽可以有身心之间的斗争，但也应该有相互之间的包容、尊重与妥协，总之和谐需要创造。

就像很多人在武侠小说中看到的"人剑合一"一样，因为只有达到这种境界，侠士才能将剑使得得心应手。实际上，侠士在实现这一目标之前，他的身心是处在一种和谐之中的，如果无法实现这种身心的高度和谐，其身体就会不听使唤。这就告诉我们，不管是和自己还是和别人，要想实现和谐相处，都需要理解和包容。

所以，作为团队领导者的领袖一定要有领袖的气质和涵养，而要达到"人剑合一"的状态，就必须要先与自己和谐相处。只有这样，在下属眼中才能称得上一个表里如一、值得信任和跟随的人。如果团队领袖无法与自己和谐相处，总是在和心灵做着各种搏斗，这就很容易成为一个言行矛盾，反复无常的暴君，这样的团队领袖就绝无魅力可言，甚至最终会沦落为众叛亲离的孤家寡人。

塑造感知万物的"情怀"

作家三蛊说：凡书大悲悯写大情怀者，无不于唱尽沧桑声嘶处，摘一朵野花自珍。什么是情怀？罗永浩曾在微博上引用了其首席设计师 Nod Yong 的说法"情怀就是看宫崎骏电影的时候，明明就是大团圆的结局，你仍然会感到伤感。"

鲁迅的名言或许能更好地界定情怀："无限的远方，无数的人们，都与我有关"。情怀是一种超脱本我、惠及大众的普世境界。情怀的意义很深远，不同的人有不一样的情怀，爱国志士怀有爱国情怀，文人志士怀有文学情怀，游子则怀有家国情怀……而我这里想要说的情怀是团队领袖、营销精英在开拓实业、与人相处时所应具备的情怀。

就像一个人要想拥有丰富多彩的生活，一定要有丰富多彩的思维。这种思维来源于你内心的积淀，或者你对一种生活经历所产生的一种记忆保留。实际上每个人都有大致类似的生活经历只不过，有不同的侧重。如何将那些并不是你生活中经常出现的情景记录下来，并形成一种相应的情怀深藏于心底，那么当情景再一次出现时，你才有做出相适应和协调的行为举止。比方说，如果你是一个普通的销售人员，只是打过一两次高尔夫球，那么在打球的过程中，你应该学会去感悟这种生活方式，并在这一刻形成一种富人的情怀。哪一天如果你想通过打高尔夫球来拉近你和客户之间的关系，那么就应该在这种场合下将原来的情怀拿出来，让自己尽可能表现得熟络自然，让客户觉得你是一个陪他休闲的朋友或者商业伙伴。如果你总是觉得自己就是一个普通白领，不应该产生富人的思想，在你打高尔夫球的时候，你只是认为这就是一次奢侈的体验，过去之后便完全没了感觉，那么你下一次再和客户打高尔夫球的时候，你就不会有这种自然的状态，会让你的顾客觉得你不是和他一个生活层面的人，只是为了拿下这个销售单而勉强行事，那这场高尔夫社交就很难达到效果，反而会疏远你们之间的关系。所以说，要做一个有心人。

当你有了一份经历，就应该产生一种记忆，进而形成一种情怀。那么你就将是一个有着丰富情感的人。要做到这些，你首先就需要一份思考和感悟。

罗永浩的锤子手机是情怀发挥无极限的典型。在锤子手机发布会上，英语老师出身的罗永浩忽视对手机各项性能的技术解读，用"这些你都不用懂，你只需要知道这是全球最XX"的语句将专业性能一带而过，着力以个人魅力渲染"情怀"，他总结自己"我不是为了输赢，就是认真"。不可否认罗永浩的手机发布会极具感染力，说是中国最具有带动力的手机发布会也不为过。独特的人格魅力、别具一格的产品发布会也让其收获了一大批粉丝。罗永浩营销"情怀"，不随波逐流，大喊"不做市场调研,让大部分用户去死,我们是给精英人群做的",然而"漂亮的不像实力派"的锤子手机定价却跌到899元,这与精英人群的定位似乎相距甚远。

通过罗永浩的情怀营销,我们不难发现,灵魂人物让人们觉得有情怀的产品企业,往往都有一个灵魂人物,这个人颇有演讲感染力,总能创造出一些为人津津乐道广为流传的经典语录,而这些语录体现出引起大家共鸣、让人心潮澎湃的"情怀"。粉丝有了灵魂人物动人心弦的故事,大多能积攒众多粉丝。由于对企业人物的崇拜与喜爱,一时冲动购买产品也不在少数。

LifeWater公司用与一瓶水同样的价钱售卖半瓶水,将另一半水送往缺水地区,同时将缺水地区儿童的照片及二维码信息贴于瓶身,销售额提升652%。经过LifeWater公司的调查,大部分购买款泉水的人无法喝完,浪费量极大,一个城市里人们每天扔掉的矿泉水,加起来相当于缺水地区80万儿童的饮用水;对于消费者来说,同样的价钱,虽然少了一半的水,却减少了浪费,还做了公益,这是一种情怀。

对于星巴克漂亮的外带咖啡杯大量的浪费,有情怀的人有了想法。在美国,喝完的咖啡杯被扔掉,它们无法降解,最后会被焚烧或深度掩埋。而美国人每天喝掉4亿杯咖啡,尽管尽力回收,丢弃的纸杯仍高达近千亿。制造一个杯子会产生35g二氧化碳,但每年却有1460亿个纸杯被随意丢弃。

加州理工大学的一个学生发明了可种植的咖啡杯。用可降解的材料制作纸杯，同时根据各地特色将种子糅合进去，杯底附上详细的种植说明。即使不种，只要将其撕碎扔进土里，也会成为其他植物的肥料。

纵观营销中情怀的几大特点，可以发现在营销中是以情怀作为一种营销的手段，并不是将情怀融入到产品以及品牌中。真正有情怀的营销应该是：做好市场调研，以客户为中心，分析目标客户及潜在客户的需求及行为，针对真实现象提出产品策划，切忌无病呻吟；有效的说服策略要从目标受众本身引发一个情感上具有说服力的信息入手。深刻洞察社会、洞察消费者内心，直击消费者心灵深处，引起其共鸣，让其从打心眼儿里喜欢想要用你的产品；情怀不是一句单纯的口号就可以体现的，还需用实际行动将情怀的落实到位，就像LifeWater公司，不只是口头情怀，而是切实将另一半水送给了缺水儿童，在活动期间，捐助了53万儿童。

其实，不管是在生活中，还是在做销售，我们要想和客户尽快形成亲和融洽的关系，必须要用共同的语言和他们交流，进入他们的日常生活。因为对每一个客户来说，销售人员以及他们销售的产品对他们来说都是完全陌生的。他们和我们的交流可能深处的是一个两眼一抹黑的世界，于是会对我们进行戒备和防范，害怕一不小心就会上当受骗。因此，我们必须要用他们听得懂的话，感兴趣的事给他们创造一个熟悉的环境。

值得一提的是,团队领袖应该创造条件去让团队成员充分了解客户的生活状态,帮助他们形成同理心,或者积极吸收具有这方面生活经历的伙伴加入团队。只有这样,团队成员在开展工作时才不会显得单调乏味,自说自话。所以说,和周围人打成一片的最好方式就是进入他们的生活,从而拉近心与心之间的距离。因为陌生和信任是人与人之间最大的障碍,我们要想别人接纳和信任自己,首先就需要和他们交心。而我们自己只有具备了这样的精神情怀,才能让我们内心不会有地尺杆,同时也能展现出一种自然的状态。

实际就是这样,如果我们本身没有这种情怀,确实会给我们带来很大的心理困扰,但如果真正能够在生活中培养起不同的情怀,那么我带着不同的状态去和不同的人打交道时,应该会是一种完全自然的接触,与我们生活在熟悉的环境中没有任何本质区别,这也将帮助我们从这些不同的生活中获得一份真实的感悟,这样的人才会有丰富的思想和多彩的人生。

谢志宏：创新消费新直销，分享创富创未来

福建通科灵科技有限公司总裁
20年行业实战家
中国直销商业文化研究中心特聘研究员
曾荣获"2016最受尊敬的直销领袖""2016最佳创业导师"等多项荣誉

20年的直销生涯让谢志宏成为直销时代的先锋人物，他始终以先行者和领跑者的姿态，见证并开拓中国的直销事业。他曾经是某直销企业以一把手的身份坐镇长达十余年的职业经理人，创造过非常多的直销奇迹，帮助许多人走上成功之路。

20年的直销行业经历，让谢志宏创下过亿业绩，也缔造过行业传奇。他既是拥有十余年经验的职业经理人、又是业绩过亿的市场领导人。就是这样一位全能型人才，在经历过一段时间的洗礼和沉淀后，他宝剑出鞘，在万众瞩目下又一次重新起航。这一次他华丽转身，与合伙人创立了通科灵科技，以前瞻性的眼光和世界性的格局，打通了一条以消费致富的财富通道。

在谢志宏眼中，不管传统消费做得如何根深蒂固，消费创富不仅势在必行，也将绝地追击。他认为，消费者成长为消费商，将是一场浩大的革命！可以预见，在不久的将来，消费商将是一个非常有前途的职业，也将会造就一大批富翁。他所引领的通科灵也将在直销界掀起一股创富浪潮。

从中学讲台到直销舞台

今年 48 岁的谢志宏投身直销行业的时候，彼时的他只有 27 岁。21 年前，从站在中学讲台上的人民教师，到卓越的直销实战家和优秀的职业经理人。谢志宏仅仅只用五年时间就成功地书写了一个农家弟子实现非凡梦想的励志故事。他用 20 年的行业经历和沉淀，在第七届中国直销文化论坛暨第九届（2016）最受尊敬的直销企业年度评选颁奖典礼上，不仅斩获"2016 最佳创业导师"的荣誉，还被中国直销商业文化研究中心特聘为研究员。

作为深耕直销行业 20 年的直销老将，谢志宏身上有一种特殊的气场：幽默、风趣、睿智。曾在全国拥有数万人的直销团队领袖，创造过亿业绩，让他在直销领域有着不可小觑的地位。20 多年前，谢志宏大学毕业后成为一名中学人民教师，由于教学有突出的表现和能力被评过先进，带出过众多获奖优等生。本该桃李满天下的他，却并未满足现状。

1996 年，一个偶然的机会被朋友约去听了一堂直销 OPP

课，从此走上了直销这条不归路。加盟直销后的谢志宏到处巡回演讲，不断地招兵买马，曾帮两家公司组建数万人的团队，帮助上万家庭获得财富健康。2006年是谢志宏直销事业的又一个转折点。这一年他偶然的机会了解了女性健康产业，面对如此庞大的市场而且意义重大，一干就是十年！在这家公司，谢志宏身兼数职，位高权重，是公司的职业经理人同时兼任副总裁，另外还扛起市场领导人这面大旗。在他眼里，产品就是道具，作为男人一样可以把女性系列产品销售出去，一样招商，为公司创造数亿营业额。

谢志宏说："直销这份事业，从国外到国内已经拥有几十年的发展历史，本身没有对和错，它只是一种营销的模式，好与坏取决于让你是否真正认识直销。直销其实就是一个销售的东西，而传统销售已走向没落，直销正处在非销售的勇敢新世界。最富成效的卖家，无不是先服务，再销售。谢志宏认为，销售更重要的不是搞定客户，而是做好自己。他认为，销售先销售自己，改变先改变自我，了解自我，改变自我。才能改变人生，销售行业本来就无对错，内外兼修为王道，这个特殊行业更是如此。"作为数十年的职业经理人生涯，谢志宏以其深刻的洞察，回归人性的探讨，经常为公司的伙伴们全新销售提供了新的思路和拔高了很大的格局。他曾所在公司在他的带领下，创下骄人的业绩。

直销新趋势：创新消费，分享创富

美国经济学家认为：世界上最大的财富正是隐藏在消费过程中，消费市场就是一个庞大的"金矿"，生命不止消费不止。这个庞大的市场成就了连续13年世界500强第1名的沃尔玛等流通渠道公司。

遗憾的是，这些消费者自身很难参与利润分配，因此，经济学家陈瑜教授提出了一个新的消费理念：消费者也能成为资本家，也叫消费投资。当消费者购买商品时，生产厂家根据消费者的消费额，把中间流通环节利润的部分返还给消费者。消费者购买行为，已不再是单纯的消费，同时变成了一种储蓄和投资行为。

让消费者参与消费中的利润分配，让消费增值，让利润增值，开支变收入时，广大国民才会踊跃参与到消费中来，实现真正的拉动内需。

在谢志宏看来，眼下以"互联网+"为代表的生产技术的革新正悄然而至，必将引起一场"消费关系"的大解放，我们的购买方式、支付工具、分享渠道都在改变。甚至有相关业内人士预计，一旦真正进入这个崭新的时代，传统的消费理论和经验都统统失效，类似淘宝这样的电子商城也将面临覆灭！

进入这个革命式变化时代，作为消费者在以往的生产消费环节中所扮演的消费角色也将得以转变，升级成为消费商。

那么，什么是消费商？从概念上解释，消费者即是经营消费和消费群的商业人士。实际上，消费商的概念在中国才刚刚推出，在国外有一个相似的概念，翻译到中国叫"生产消费者"，既是生产者又是消费者。

这也意味着，一直只有经营者赚钱的时代将成为历史，消费者只需要改变一下思维，做资源的整合者，找到更多优惠的消费渠道，找到更多迷茫的消费者，作为消费群体的意见领袖，那么也可以参与到商品的利润分配中去，并获得利润增值。

从目前迅速发展的微信，从其逐渐显示出的巨大威力和渗透力中不难发现，这样一种新的消费模式——"消费商"正在逐渐形成，并迅速扩大影响力。

通科灵横空出世，打造消费共享创富生态产业链

国家总理李克强曾讲到："一直以来只有经营者赚钱，消费者花钱，如果消费者也想赚钱，想参与商业利润的分配。以前是不可想象的。但时代发展到今天，消费者终于进入革命式的变化时代，消费者终于也可以参与商品利润的分配了。"在这个消费主权的时代，消费将变成投资，消费就能创富，分享经济下的消费投资将成为未来的投资主力军。

在此基础上，如何建立更加快捷、高效的消费生态闭环，通过创新消费分享模式来实现整个创消生态圈的灵性发展。

事实证明，我国经济正从"要素驱动、投资驱动"转向"消费驱动、创新驱动"的关键节点，如何采取正确的消费政策，进一步释放消费潜力，有效的拉动经济增长，需要全行业的每个企业沉下心去做好每一个细节的积累，今天，正强势崛起一个以颠覆传统产业的创新型公司——以谢志宏等人引领的福建通科灵科技有限公司，其致力通过互联网+共享，打造了一整个消费共享创富生态产业链。福建通科灵通过"创新消费+分享创富"模式来引领消费增值、分享奖励增值，创造普惠新时代。

消费创富的模式，正与直销的营销模式吻合。

在谢志宏眼中，不管传统消费做得如何根深蒂固，消费创富不仅势在必行，也将绝地追击。他认为，消费者成长为消费商，将是一场浩大的革命！可以预见，在不久的将来，消费商将是一个非常有前途的职业，也会成就一大批富翁。

正是在这种伟大信念的支撑下，我们也有理由相信，谢志宏在未来的事业中，一定能创造出更伟大的奇迹，成为推动中国直销事业的中坚力量。他所引领的通科灵也将在直销界掀起一股创富浪潮。

链接：福建通科灵科技介绍

福建通科灵科技有限公司隶属福建通科灵集团，成立于2017年7月，注册资金1亿元，坐落于福建省福鼎市鼎融国际广场，办公场地 1000 多平方，是一家从事教育技术开发生产、培训、基因检测和产品销售为一体的综合性企业。旗下有福鼎大酒店、音乐城、珠宝城、平易近人茶业有限公司、通科灵电子设备有限公司，同时与上海龙鼎医药科技有限公司、上海复旦大学生命科学研究院合作，打造以基因检测为导向，基因诊断、基因治疗，为大众健康做管理；儿童天赋检测、儿童右脑开发，为新一代人因材施教、集中大幅度提高孩子的注意力、记忆力，让孩子有质的成长。

公司汇集了在基因科技领域有着深厚学术背景和崇高威望的专家、顾问和一大批营销团队，也吸纳来自全国各地的人才加盟，长久经营，公司计划五年成为百亿企业。

独有的通科灵模式，被誉为"跨世纪新零售"，平台为消费者提供最实惠的服务，让消费增值，让奖励增值，为有梦想的人提供安心永续的创业平台，"创新、团结、尊重、持久"，为孩子未来努力，为家庭幸福奋斗，企业精神：诚心交朋友、诚实做产品、诚孝创文化、诚信谋发展；通科灵这个神奇而有力量的文字，给有缘人带来新的希望，让我们携起手来。

王战：成功领导人的高情商修炼

低碳精典系统创办人

华成国际文化交流协会创办人

华成学校董事长

绿之韵集团全球策略委委员

绿之韵低碳首个八星最高荣誉徽章获得者

　　一个真正的成功领导人不一定是高智商的人，但一定是高情商的人。如何能有效地快速提高自己的情商呢？以下八个方法可逐渐培养并提升你的情商水平：一、把看不顺的人看顺；二、把看不起的人看起；三、把不想做的事做好；四、把想不通的事想通；五、把快骂出的话收回；六、把咽不下气的咽下；七、时刻记得付出之意；八、天天充满感恩之心。

　　多付出，多感悟，勤修练，才能养成一副能屈能伸、成就伟业的胸怀；才能真正成为一个卓越领导人。

心怀匠心 打牢基础

　　人生就像爬台阶，如果通往事业成功的顶峰有 100 个台阶，那么第 50 个就是一个平衡点，你在前 50 个以内时是不具备谈判资格的，在这个阶段需要卧薪尝胆，隐忍是很重要的修炼。你需要的就是卧薪尝胆，慢慢去积累自己的实力，请记住：没有实力的愤怒毫无意义！

这个世界上雪中送炭的事情很少，锦上添花才是生活的常态。幸运，从来都是强者的谦辞。当我们不再装模作样地扮清高，不再去追随人群热闹，而是回到孤独中，以真正的"我"开始独自的生活，这是一个很漫长很孤独的过程！我们都需要通过这个漫长的时光来雕刻和塑造自己。

成功定律里著名的"一万小时定律"，即 1 万小时的锤炼是任何人从平凡变成世界级大师的必要条件。要成为某个领域的专家，需要 10000 个小时的努力，按比例计算就是：如果每天工作八个小时，一周工作五天，那么成为一个领域的专家至少需要五年。人们眼中的天才之所以卓越非凡，并非天资超人一等，而是付出并持续不断的努力。

达·芬奇画画是从一只只鸡蛋开始的，他日复一日，年复一年，变换着不同角度、不同光线，以不会低于一万个小时的努力，打下了扎实的基本功，才有了后来的世界名画《蒙娜丽莎》、《最后的晚餐》等。

所以，平凡的人只要肯下苦功夫，一定可以创造出奇迹。

再换个角度：如果一个人心甘情愿的花无数精力去练习某一个特定的工作或技巧，一定不是寻常之辈，这就是平凡中的不平凡。这就是"匠心",有了匠心一定能锻造出非凡的成就。

读过的书,走过的路,爱过的人,你身上的每一处孤独与荣耀,都会往你的生命中注入色彩斑斓的颜料,都会让你的内心慢慢变得坚韧和丰盈,成就独一无二的你。

摆脱无谓 远离是非

当然成长时期的我们,是最柔弱的,充满了困惑与疑难。一旦我们变得异常固执,遇事不求结果,喜欢抬杠,这就是停止成长的预兆;这时候我们的心门就会紧闭,就会冥顽不化,再也没有生机;只有绝望的悲愤,是痛苦的开始。

2017年初的新闻报道了昆明发生了一场悲剧。

28岁的演员刘洁,带未婚夫去医院看望生病的外婆。在住院部楼下遇到一名醉汉,只因不小心碰了一下,醉汉就骂骂咧咧,随即这对情侣和醉汉理论起来。结果醉汉二话不说,抽出刀子冲着女孩连捅两刀,一刀心脏、一刀脾脏……但醉汉仍不罢休,追着刘洁未婚夫一路砍杀,导致其未婚夫在逃命中腿部被砍三刀。

原本挺幸福美满的情侣,就因为一场无谓的争执而变得家破人亡,不禁令人唏嘘万分。

这让我想起美国第16任美国总统、黑人奴隶制的废除者林肯说过一句很形象的话:"与其跟狗争辩,被它咬一口,倒不如让它先走。否则就算宰了它,也治不好你被咬的伤疤。"

同样的道理,你和什么样层次的人争辩,就注定了你将会沦为什么样子的人。

记得在三十年前的一天我和我父亲到一家单位办事,办完事情后,我们推着自行车要出来,这时一个带着红袖章的老人过来要跟我们收自行车保管费。这个单位是不用收费的,但红袖章老人却硬生生要收我们一块钱。

我不由地嘟囔了一句,你这不是乱收费吗?老人斜了我一眼,爱理不理的打开他的收音机,并优哉游哉地喝着茶。看这意思是:老子地盘,我做主,你们都得交买路钱!看来不把钱交了,是休想离开了。我正要与他理论,父亲却当机制止了我,并一声不响地把停车费交了。

当离开之后,我向父亲抱怨道:明明道理在我们这边,为什么要向他妥协?谁怕谁呢!大不了就跟他耗下去嘛。就算要交钱,也要让他出示单位的相关证明以后再交也不迟啊。

父亲笑了对我说:你还年轻,认准了一个理就不惜死磕到底!明眼人也能看得出来,他这是在乱收费,可是为了这点钱都把时间耗这里了,耽误了接下来的事情,其实并不划算。

三十年过去了,我依然记得父亲他当时跟我说过的这句话:永远不要和层次不同的人争辩,那是对自己的一种无益的损耗。

不是所有人都处于同一层次，当你在生活中不被理解时，先不要急着去争个输赢。你要清楚，并不是所有人都配得上你的解释。

世界之大，人都有三六九等之分，我们无法改变身边人的品性和素质，但庆幸的是，我们有选择远离他们的权利，不与他们作过多无谓的争辩和纠缠，这就是对于自己最大的保护。

内心强大 勇于面对

上等人，有本事没有脾气；末等人，没有本事而脾气却大。

人在愤怒的那一个瞬间，智商是零，事过之后才恢复正常。人的优雅关键在于控制自己情绪，用嘴伤害人，是最愚蠢的一种行为。我们的不自由，通常是因为来自内心的不良情绪左右了我们。一个能控制住不良情绪的人，比一个能拿下一座城池的人更强大，男人的脾气影响他的事业，女人的脾气则影响她的婚姻。

越有本事的人，素质、修为都越高。不管在外面受到了多大的委屈，遇到了多大的磨难，都会把他的脾气、怨气关在门外。不会在自己人面前抱怨这埋怨那，更不会指着自己的伙伴或家人的鼻子大吼大叫。有本事的人不是没脾气，是不对自己人发脾气！这并不意味着软弱或退让，而是当你耗尽了精力，却难以消除人与人之间的认知差距。你终会明白，最好的发声方式，莫过于少说话，做好自己！

知道什么是强大，但始终表现为柔弱的状态；知道什么是光明，但让自己处于昏涩暧昧的成长状态；知道什么是荣耀，但能够在屈辱的状态中，始终保持平和的心。

要想成为大树，就不要和草去比短期发展，草的生长速度和树相比，肯定是草的长势明显，但几年过后，草换了几拨，但树依旧是树……

所以这个世界上有参天大树，却只有一季的草。做事业，重要的不是一时的快慢，而是持久的发展力。坚持才能笑到最后！

所以未来，不是穷人的天下，也不是富人的天下，而是持续学习、持续行动，敢为人先，正能量人的天下。

内心强大，永远胜过外表浮华，爱自己最好的方式：那就是帮助别人成就自己！

很多人太看重"面子"，熟不知，其实你没成就，你没成功，根本就没有面子可言！李嘉诚曾说过，当你可以放下面子去挣钱的时候说明你已经懂事了；当你可以用钱挣回面子的时候说明你已经成功了；当你可以用面子去挣钱的时候说明你已经是个人物了！

所以，在这里，我只想告诉大家，真正想成功的人，一定是能人所不能，忍人所不忍！我有次做培训的时候，意外地听到了两个经销商的吐槽。

A 经销商一直抱怨自己的上级部门领导，说明明是自己上级伙伴的工作失误，而他莫名奇妙的成了替罪羊。

B 经销商则一直在劝他不要为这不值得的事生气，不断安抚他，还劝他回去之后不要再分辨，先做自己份内事。

姑且不谈事情的对与错，但遇到事情，就把责任先推给其他人，自己高高挂起、事不关己，你身边一定也有这样的朋友或伙伴。哲学家尼采有一句话是这样说的：你不能解决问题，那么你就会成为问题。面对问题，要挺身而出，不然问题会永远存在。

积极自律 培养习惯

人生会苦一阵子，但不会苦一辈子，你要是想逃避"苦一阵子"，那就会"苦一辈子"！所谓智慧：无非是告诉我们，在顺境时要谦和，在逆境时要沉静。顺境时考验自己，逆境时历练人心。世事充满了不确定性，纵然你万分努力，付出无数，仍有可能陷入到艰难之中。

但世事又充满了确定性，如果你不努力，不发奋，不让自己一天比一天更优秀，就只能沉陷于最不堪之地。所以我们要确定的是我们每天都要做的事情。你有没有一些事情每天一定要做的呢？比如说洗脸刷牙，或看书学习？

每天对我们而言，刷牙洗脸是一种习惯，一种自动的行为；当我们建立起生活习惯，生活规律就会形成。当我们养成看书学习的成功习惯，成为一种自动的行为；当我们建立起这种成功习惯，成功就会水到渠成！

一个人真正成功靠的不是天上掉馅饼，而是改变自己直至成功习惯的养成。当你把注意力转向你认为最重要的事情时，你就不再分心，一旦专注，你就会有更多的时间去做你想做的事情。做"对"工作比工作做"对"更重要。

人生有涯，人生最稀缺的资源是时间，所以说时间就是生命！提升效率就是节省时间。

努力做着无效的工作，这是最可怕的工作方式。如果因为努力过就心安理得，那就更可怕了！很难说努力就是一种美德，努力而缺乏效率，只能是一种无能；努力不能成为无能的遮羞布。

前段时间在我的微信朋友圈发表了一篇文章：你那么忙，一定很"穷"吧？！

一个忙碌的人，为了尽可能争取时间应付工作，不得不被做不完的任务拖累，而没有时间去安排更长远的发展。同样，一个穷人，为了满足生活所需，也不得不精打细算，没有时间来考虑投资和发展，于是陷入贫穷的恶性循环中。

这就是为什么那么忙还是很"穷"的原因，忙碌的人因为时间稀缺而没有精力来规划长远的发展，稀缺时间和稀缺金钱，是有一定的因果关系。金钱的稀缺导致时间的稀缺，时间的稀缺又反过来加重金钱的稀缺。

所以，成功对我们来说就是去做最有价值的事情，然后培养为成功的习惯，最后成为你的例行公事；这如同每天刷牙洗脸吃饭一样，你到时间就会自动做。

我们最需要自律的地方，就是习惯的培养。养成一个对我们来说最有价值的习惯，当它成为你生活中的一部分时，你就不再需要自律来约束行为。塑造一个有价值的习惯，然后习惯会最终将我们塑造成我们想成为的那个有价值的人。

所以当我们具备这一切时，我们可以这么说：成功，不再是世俗意义上的成功，而是成就自我，丰盈内心。让我们坦然地面对世界，微笑着说：我来过，我玩过，我嗨过！这就是一个真正的成功领导人的高情商。

刘兰香：破茧成蝶，美丽蜕变

聚德国际创始人

隆力奇全球五星董事

隆力奇定制营销直销联盟委员会常委

世界直销(中国)研究中心的专家委员

2011年度全球直销形象大使

2012年中国直销一大榜样人物

2012年个人品牌成就奖

2013年度全球直销形象大使

2013年度直销服务领军人物

2013中国女企业家杰出贡献奖

在2014年度第五届中国直销文化论坛上，她再一次被行业推举为"年度全球直销形象大使"。她的气质形象代表了直销行业积极向上、拼搏进取的写照。她的成功已经成为直销行业的创业典范。作为一名女性，她冲破世俗义无反顾地踏上直销之路，在风雨中始终坚持最初的梦想，她用一个个神话完成了蝴蝶破蛹羽化之变，演绎出自己的魅力；作为一名领袖，她无论飞多高也不曾离弃和她并肩作战的伙伴们，她在工作中用心对待、关心团队的伙伴及其家人，用"雁聚长空、德行天下"的理念指引聚德国际不断前行，活出了自己的风采。她就是隆力奇最高级别经销商、聚德国际运营总裁刘兰香。

刘兰香与直销

她是中国直销发展的见证者和实践者，更是平凡人在直销的舞台上成就辉煌的典范。25岁那年，对于大多数女性而言，是追求事业稳定的黄金岁月，然而对于刘兰香而言，她却在这样一个黄金岁月里，最终选择了"冒险"，毅然迈入直销门槛，成为中国最早的一批直销人。

五年后，当大多数同龄女性还过着"相夫教子"的生活时，30岁的刘兰香却如同破蛹之蝶一般实现完美的羽化，短短五年时间身价上涨至几百万，破蛹而出成为直销界广受青睐的翩翩舞蝶。此时又有谁能体会到刘兰香这令人称羡的荣耀背后，曾经历了多少酸甜与苦辣。

刚刚进入直销领域的刘兰香，面临着初始阶段对直销行业的一知半解、家人的极力反对、全国四处奔波之苦等重重考验，这些就如同蝶蛹一般成为刘兰香羽化成蝶的重重阻碍。然而个性上从不服输的刘兰香此时却立志冲破世俗的蝶蛹，在工作中，她将生活中90%以上的时间投入到自己所钟爱的直销行业，同时，刘兰香并没有忘记自我学习，通过阅读各类管理方面的书籍以及参与各种相关培训，她不断扩充自己的知识面，实现自我提升；工作之余，她也没有忘记给予家人更加无微不至的照料，对于自己 13 岁的儿子，虽然很少和他在一起交流和陪伴，但她还是会以一种轻松自由的方式从直销这个没有围墙的大学里学到的新的观念和新的知识与儿子进行交流。

多年来，刘兰香始终坚持着，即便是遇到行业整顿后的短暂沉寂，即使面对无数质疑、挑战、抉择，她仍然坚定直销之路并走进隆力奇这个竞争激烈的舞台。

破蛹之蝶经过残酷磨砺终将实现羽化飞向蓝天，在直销界她创造了一个又一个的奇迹，她是直销行业中很少见的持续获得成功的女性直销领袖。在进入隆力奇之前，刘兰香可以说已经通过自身努力达到了直销事业巅峰，但是由于行业规范的原因，这份事业始终不能圆满，而这也为她后来加盟隆力奇埋下了伏笔。

2008 年 12 月，刘兰香来到隆力奇公司考察，除了了解公司实力，更重要的是摸清老板的心态。在公司总部，董事长徐之伟亲自接见了她和她的团队。徐之伟董事长说："直销是隆力奇经营战略的一个步骤，不是跟风也不是赶时髦，我们要用直销来突破企业瓶颈。"在徐之伟董事长的务实精神和公司战略的感召下，刘兰香和她的伙伴对加盟合作有了十足的信心。如今，伴随着行业发展，加盟隆力奇的刘兰香逐渐走出了自己的直销之路，迷茫过后愈加分明的方向将指引她和她的团队体验再次成功的滋味，聚德国际也在她和众多领导人的带领下成为隆力奇平台上规模最大，最具稳定性和持续经营力的团队，塑造了直销行业系统运营的成功典范。

系统化运作

刘兰香是一个有思想的人，进入直销之后，她从中国直销行业发展的轨迹中发现，团队的系统化运作将会主导直销行业的市场运营模式。而未来的营销一定是谁能创新、谁能聚集民心，谁就能在竞争中成为最终赢家。那么什么是团队的系统化运作呢？随着不断的思考和实践，她认为必定是一套统一的思维方式和行为模式，建构一个成熟的教育体系，这样可以指导营销人员按同一个轨迹走下去，进而可以更快地走向成功。团队建设实际上是一种网络建设，网络建设有它自有的4大原则：简单、易学、易教、易复制。这是麦当劳、肯德基等一些大企业成功的法宝，他们把复杂的事情简单化，把简单的动作重复化，把重复的事情经常化。系统一般由三部分组成，一个是工具，一个是方法，一个是领导人，这是系统的三个方面。有了这三个方面，系统中所有的团队建设、培训内容都围绕这三个方面展开。

系统是成功的秘密，系统成员的成功决定于系统的复制能力，而不是成员的创新能力。所以系统的学习和复制能力越好，系统成员就越容易成功。

在刘兰香的理解中，系统相当于专业工具。举例：怎样开启一瓶啤酒？有人可能会用牙齿将酒瓶盖咬开，这里的工具是"牙齿"；有人用开酒瓶的专用开瓶器把瓶盖打开，这里的工具又变成了开瓶器。尽管牙齿和开瓶器都可以将瓶盖打开，那么，哪个工具更快捷、更有效、更安全、更简单、更容易学习、更容易教呢？当然是开瓶器了。从而引出系统就是建设营销团队的专业化工具。我们利用系统造就专业化人才，专业化的人才又来掌握这种专业化的工具，使人们思维模式价值观达到高度统一，从而转化到行为模式的统一，这就是系统。

随着新模式，新营销时代的到来，团队的系统化运作已经不合时宜了，企业化运作的系统才是当今主流。在这个创新立国的时代，人类已进入全面信息化，而在系统运作中彰显自己的直销个性，演绎每个人的精彩人生，将是整个直销行业的发展趋势。

系统文化

聚德国际系统是中国直销行业标杆系统。在这里，有一群经过千锤百炼的行业专家和系统领袖，他们以"传播健康事业，幸福千万家庭"为每个人的责任，以"弘扬国学智慧，书写圆满人生；培育儒商领袖，助力民族复兴！"为整个系统的使命。

聚德国际秉持隆力奇集团的企业文化，将儒家思想之精髓融入到系统管理之中，坚持"以人为本"的管理理念，发挥每个人的积极性和创造性，共同追求健康、快乐、时尚、财富的圆满人生，并在系统内部形成极强的凝聚力与竞争力，保障系统的和谐可持续发展。

聚德国际本着"仁、义、礼、智、信"的传统文化中的灵魂与核心，旨在营造一个充满和谐、关爱的环境，打造一个具有民族文化特色的专业化直销队伍。

聚德国际付出先行、低调运作，做人和做事并举并重，在文化理念的建设和团队精神的塑造上，追寻自然法则，坚守着自有的原则，结合西方管理科学，包容性极强，不见高调浮躁，不见湮没沉寂。在团队发展的同时，不因利益而屈服，这是一种直销精神，这种精神正是直销行业所必须呼唤的一种精神。

刘兰香以及聚德国际的领导人，凝聚中国五千年哲学精萃，打造系统深厚的文化底蕴。并且系统认为，每个人都值得拥有一个圆满的人生，但我们要透过改变，透过行动，透过不断尝试，才能拥有一个辉煌的未来！失败并不可怕，可怕的是我们失去了尝试的勇气！没有人会为我们的贫穷负责，我们只有通过系统的力量，合作互助才能实现共赢。聚德国际系统也将倾尽全力，支持和帮助每一位伙伴找到梦想、改变未来！

创业平台

在谈及当下最流行的"大众创业"话题时,刘兰香表示直销是最适合普通人自主创业的舞台。

首先,直销解决了生产商和渠道商面临的众多难题,是社会发展的必然产物;其次,直销解决了所有消费者在消费产品时的安全感和服务保障的问题;第三,直销能帮助许多有梦想的人实现低成本创业,移动"互联+"直销更符合现代移动互联时代的趋势,满足了众多年轻人的创业需求,让年轻人有更大创业和创新的空间,同时也符合政府提出的"大众创业、万众创新"的思路。

因此刘兰香很乐观认为,个人创业是移动互联时代发展的必然趋势,直销也是个人创业最好的模式,直销在未来将会成为个人生活方式和消费习惯。

刘兰香初次接触直销是在1996年,那时候个人创业的准入条件和投资成本都非常高,因此,当她了解到这个"投入很小却可以做的很大"的生意时,立刻就被深深吸引。即使在个人创业的准入条件已经很低的今天,直销依然是低成本创业的典范。同时也符合政府提出的"大众创业、万众创新"的思路。

有人戏言,每一个年轻的百万富翁后面都有一个叫李刚的爸爸。这句话从侧面反应了在目前富二代、官二代横行的社会,对于普通平民百姓而言,创业的路从一开始就可能面临着不平等。而直销,却是当下社会难得的公平创业的机会:无论你是高帅富、白富美,还是平民屌丝,大家都从零开始,真正体现了机会面前,人人平等。

从经济环境来看,受全球经济危机的影响,导致百业萧条,很多企业倒闭,工人失业,但是直销行业反而没受到冲击,没受到影响。反而还解决了一大部分失业人员的就业问题。对于扩大失业人员再就业和扩大内需,直销行业是一个相当好的解决途径。为此,国家近几年内将大力开放直销行业。

中国是一个大国,人口众多,要解决这么多人的吃饭、穿衣问题,首先就要解决好就业的问题。在这一方面,中国的直销业当仁不让,而且正在发挥着越来越大的作用。

走向全球

国际视野,立足中国,面向全球,跟随隆力奇走向世界舞台。这是刘兰香和聚德国际的伙伴们正在开创的大局面。

隆力奇面对国际化妆品企业的竞争,从最初的加强自身研发力量,到积极整合社会资源,隆力奇用产、学、研联合的办法走出了一条本土日化企业的自主创新的国际化之路。

如今的隆力奇已成功实现了"中国制造"到"中国智造"的转变,现在,他们已和国内科研机构积极合作,实现为"中国智造"的历史性转变,隆力奇正在不断扩大和国外科研机构的合作内容和合作范围，争取在"十三五"期间办成真正的"世界隆力奇"。

隆力奇在科研开发、打造供应链、企业管理、市场营销、品牌推广的国际人才引进等方面加大投入。早在五年前，隆力奇就对国际高端人才伸出"橄榄枝"。刘兰香表示，当前，日益频繁的人才跨国界流动，给处于不同发展阶段的民族企业带来不同影响。同时全球范围内的人才争夺日益激烈，形成了一场波及世界的人才争夺"战争"。在徐之伟董事长的领导下，隆力奇不仅全世界范围招致高级人才，同时还不失时机地立足国内顶尖高等学府招聘人才。

隆力奇始终秉承以创新求发展的理念，积极实施企业文化战略，加大技改力度，加快新品开发，加速人才引进，加强内部管理，使企业在日益激烈的市场竞争中不断壮大，牢牢占据着本土日化行业的领军地位，隆力奇商标目前已在全世界183个国家注册，同时，已经在国内外成立八大研发机构，在越南、南非、喀麦隆、俄罗斯、乌克兰等国家，及中国台湾等地区成立销售分公司。主导产品覆盖欧美、东南亚、中东、非洲等50多个国家和地区，2011年，隆力奇将在全世界20个以上的国家和地区成立销售分公司，全面打造隆力奇的世界品牌。

刘兰香坚信，在隆力奇这样的具备国际战略的民族企业平台上，聚德国际的所有伙伴一定会收获圆满人生。

于景振:勇而无惧,谋而天成

登峰传奇系统创始人
隆曦集团董事
2016最具加盟价值的直销系统
2016亚太区最具合作价值品牌领袖
2016亚太区最具品牌影响力营销系统
分享经济实践派代表人物

"风起云涌间,他根植直销,与行业发展寸步不离;强手如林中,他七进七出,纵横捭阖;不惧宦海沉浮,不畏命运之轮,只是傲骨凛然,他怀着先死而后生的勇者之心,征战商界,如鱼得水,尽展奇才雄风。他就是洞察时代商机的先行者,登峰传奇系统创始人于景振!"

勇者无惧,越挫越勇

他没有世俗的孤傲,却始终保持着一份豁达与激情。大家亲切地称他为"景振"。他那精神的板寸,犀利的目光,幽默的谈吐,爽朗的笑容,眉眼间流淌着一种睿智,让人不由自主想亲近,仿若熟识多年的好友。于景振那独特的气质和人格魅力逐渐铺陈开来，就像中国的山水墨画一般——意味隽永却又醇厚无比。

追溯于景振走过的历程，这位从河北石家庄走出来的硬汉子是一个懂得坚持、坚守、付出、真诚的人，一个具有真性情的人。他具有直销行业最稀缺的品质——执着、真诚。而在传统行业多年的坚守，使他对直销这个行业成熟、理性了许多。每一段经历，都是由许多闪光点组成的；每一处闪光点，组成了业界最为瞩目的成绩。这就是作为直销领袖的于景振之魅力所在。

1997年，年轻的于景振拎着自己的行李独自踏上了寻梦之旅。那时候，他不知道什么叫做困难，什么是艰辛，"勇志之所以敢也"！凭着一股"初生之牛犊不畏虎"的勇气，在当时经济浪潮的刀锋上博弈天下。或许正是那股无畏的冲劲赢得了周围人的赏识，他迅速成为河北一家大型企业的销售总裁。凭栏四望，别人这时可能已然沉醉于风景，沾沾自喜，可是于景振并不在乎眼前纷繁的景色，那股执着的勇气依旧在他心中翻腾。九年的传统营销经历让于景振结识了许多有能力的人，某种程度上也成就了他豪放的资本。

2004年正值直销行业的混乱时代，然而他在与直销的初次接触中就被这个行业深深吸引。在众人的不解中，他做出了一个高风险的选择——进入直销。即使是疯牛，横冲直撞过后也有疲倦的时候，但此时的于景振却从未止步。当时代全能做直销的消息传到他耳朵里的时候，他意识到支撑自己梦想的机会终于来了！2006年，于景振又孑然一身地进入时代全能。起初一切并没有如他所想的那样顺利，不适、失落让他开始有了挫败感。依旧是那无畏的勇气，使得他敢叫困难低头。随着时间的推移，这个"固执"的年轻人在时代全能逐渐显示出了强劲的竞争力，其各项业绩都让人刮目相看，特别是当之前所结识的伙伴回归麾下之后，于景振更是如虎添翼。勇气是他命运之路的先锋，横刀立马，正如一个词语描述的那样——"勇者无畏"！

随着阅历的加深与时间的沉淀，让他意识到时代全能已经满足不了他的野心和梦想，于是他又重新起航，多年来对直销的专注和学习，他也曾研究直销龙头公司的运作模式，目睹直销公司的沉浮与变迁。拒绝了无数家直销公司领导人的邀请。古人云：观千剑而识器。当他认真研究这些直销公司后，他更加坚定自己的选择是正确的，最终携手隆曦，因为隆曦集团"利他才能利己，互助才能共赢"的企业文化，与他的理念和梦想相一致，这是他选择隆曦集团最重要的原因。对于景振个人而言，这也是在恰当的时机，对的时间，对的地点，遇到了对的公司，无疑是给他的事业添上了一双强劲的翅膀。数年的厚积薄发，数年的千锤百炼，数年的坚守终于化作他前行的动力，让他一跃龙门，从此扎根于隆曦，开疆拓土，策马奔腾，剑锋所指，所向披靡！

因此在 2015 年，于景振创立了登峰传奇系统，在于景振的带领下系统始终坚持一家人、一件事、一起做的理念，系统从成立至今已帮助数以万人获得成功。同时在直销行业当中，于景振明白只有着眼全局，培养人才，才能带领登峰传奇系统走上成功。他认为领导人必须具备高瞻远瞩的目光、决胜千里的智谋、洞察人性幽微的细腻以及艰苦卓绝的坚韧。因此几流的领导就有几流的系统，就有几流的员工，这也正是登峰传奇系统的卓越之处。所以注定了系统非同凡响的培训模式，于景振立志于把每位伙伴的潜能激发出来，为他们提供正确的方向和策略，进而落到实处，为直销行业正本清源而努力。

"逆水行舟，不进则退"，带领伙伴在激烈的竞争之中脱颖而出，这是一种豪气；领导团队实现梦想，这更是一种责任。在这日新月异的行业变革中，于景振的事业状态和人生境界终究能够如"景"一般，即使在孤高卓绝之地也要生根发芽，无限的美丽，无限的风景。令人走在道路的两旁，随时播种，随时开花，将这一径长途点缀得香花弥漫，使穿枝拂叶的行人，踏着荆棘，不觉得痛苦；流着眼泪也不是悲哀。

互联网的颠覆

互联网在中国已经蓬勃发展了十几年。2014 年以前，我们所说的互联网，更多的讲的是 PC 互联网；2014 年以前，我们所说的互联网改变传统产业，更多的讲的是 PC 电商渠道和 PC 互联网改变最邻近行业。

在 2014 年以前，绝大部分的传统企业，都把 PC 电商作为一种新的销售渠道。即使电商的总体销售额到 2013 年底已经占到了全社会总体零售额的 7.7% 左右，但是，PC 电商并未对传统产业造成足以致命的"互联网焦虑"，更多的只是造成了销量分流。但是随着电商引流费用居高不下，这一切都发生改变了。

随着移动技术与互联网技术的融合，不仅带来了技术的变革，更带来了消费行为的变革，最终将引发商业形态的变革。特别是以小米为代表的互联网品牌的快速崛起和三大巨头的推波助澜，以及他们所宣称的互联网改造传统产业，让"互联网焦虑"在传统产业中迅速蔓延开来，并一发而不可收拾。因此对传统产业而言，就变成了一剑封喉，而再非疥癣之疾。

传统工业时代依赖于信息的不对称和渠道的垄断性，其价值创造规律是"规模化"。互联网的本质就是连接——物的连接、人的连接、信息的连接，以及商业和人的连接。在 PC 互联网时代，互联网对信息的组织，主要是对物的连接——网页的搜索和门户平台都以产品 / 服务为核心。在移动互联网时代对信息的组织，则是以人的行为为核心，人与人之间的无限相互连接成为这个世界的本质，这就赋予了

"人"以前所未有的话语权和力量。

于是,"用户至上",成为了互联网时代的铁律。用户的消费习惯与生活方式,发生了翻天覆地的变化。消费者不再局限于固定的时间,地点去消费,而是利用碎片化时间完成一切的新时代。

基于消费行为和习惯的改变,以及消费者主导产业链的特征,移动互联网颠覆了传统产业的价值创造规律。

互联网时代,价值链的起点由企业变成了消费者。企业可以充分利用互联网的信息优势,将传统产业的基于"时空"体系设计的实体商务提升为基于"信息+时空"的全新商业形态,通过整合线上平台和线下零售,企业主动邀请用户参与到从创意、设计、生产到销售的整个价值链中来,通过定制化的粉丝参与、信息推送、精准营销、优惠的会员服务和物流打通,形成消费者的良好购物闭环体验,来真正地做到以消费者为中心组织价值创造体系。这样的价值创造体系,就要求传统企业必须对企业自身进行重塑,包括在产品研发体系、营销体系、运营体系、组织体系、供应链体系等方面进行全盘调整。

传统产业时代,产业与产业之间,企业与企业之间,往往泾渭分明,井水不犯河水。互联网时代,随着互联网整合效能的发挥和新科技的发展,互联网把一切都联系在了一起,很多产业的边界由此变得模糊,有形产品和无形产品之间的边界也变得模糊。当行业边界被打破，人们不经意间同时享用两个或者更多行业带来的服务的新的商机就孕育其中。直销公司正是看到了未来商机，所以越来越多的跨界整合、价值重构。

借力分享经济，隆曦放眼世界

近几年来，中国直销业发展迅猛，在普遍业内人看来今年牌照破百将成事实，作为传统行业的泰斗企业，隆曦集团走入直销将要如何应对庞大的竞争压力而大展拳脚？这是外界人普遍关注的问题。

对此，于景振透露，目前隆曦集团师承古法，以多种名贵中药材为原料来研发产品，且这些中药都是纯天然，无污染。主要包括养生酒、养生茶、酵素，玛咖阿胶糕等四类产品作为公司的主打产品。其中养生酒和养生茶两类产品均获得了国家的专利，以优质的产品和卓绝的功效，给千家万户带来了福音。他觉得隆曦集团差异化的优质产品以及完美的客户体验将是企业立于不败之地的秘籍。

于景振还表示，由于目前传统经济面临瓶颈，因此隆曦集团选择直销模式进行探索，在探索中总结、在总结中完善、在完善中突破。公司以线上版块和线下传统实体店相结合并予以创新，对模式的升级、对制度的变革。目前在中国26个省市都有隆曦集团的代理商，并且争取在2017年内，完成布局全国，放眼全球的目标。

而对当下的世界趋势于景振看得尤为透彻，他提到，直销是未来发展的趋势，目前国外对于直销的认可要比国内高得多，但是随着中国直销业的发展，直销企业马上要破百，可见，中国正逐步把直销行业引向正规化，直销未来的发展机遇一定会在中国，这也是大势所趋。

另外，当下是分享经济时代，而大健康产业是未来主导方向，因此，未来大健康产业的营销模式一定是以分享经济为主，每一个人都将成为普通消费商。正因瞄准了这一机遇，从2016年起，隆曦集团便开始布局分享经济，以此作为弘扬传统养生文化，为人类健康的伟大使命做助推剂，目前，隆曦集团以"用户至上，体验为王"契合当下的价值观，这也是为未来的辉煌而沉淀。

运筹于帷幄之中，决胜于千里之外，相信在于景振的带领下，隆曦集团以及登峰传奇系统的伙伴们将在直销业中凌云登梯，帮助不计其数的人获得健康和财富，成为中国直销业的一股清流。

刘文江:团队建设中的文化塑造

蜘蛛狼系统创始人
2013 最具追随价值的直销领袖
2014 年度个人品牌文化建设成就奖
2015 年度最受尊敬的直销领袖
2016 年度最具爆发力的直销领袖

在最初的一家直销事业平台上,他用一年时间的努力,赢得了公司颁发的轿车奖励,从而更加坚定了从事直销行业的信心。就这样伴随直销行业走过了十三年的风风雨雨,带领无数与他一样怀抱创业梦想的伙伴,帮助他们实现梦想,收获多彩的人生。他也凭借十三年的坚守和优异的表现成功登上直销行业最高的荣誉殿堂。

刘文江与直销

殊不知,早在 16 年前,刘文江就已经提前革了自己的命,早早开始经营起了直销事业——当时在大家看来还很奇特的一种商业模式,并且依靠这种创新的商业模式带领更多老工业基地的产业工人发家致富，改变了生活。

别看刘文江取得了今天瞩目的成绩，可是他仍然保持着一颗谦卑求教，积极向上的心。虽然在这个行业超过了16年，也经历过几家公司。然而，在初入直销时，他也经历了一段历练的过程。他从一个普通的直销员做起，一个客户一个客户的沟通，一个地区一个地区的攻克。在这种持之以恒的行动之下，他很快得到晋升，从普遍的直销员到高级营业主任，又攀升到全国销售总监，最终创立了蜘蛛狼系统。

从入行到一路跟随，刘文江的人生轨迹在不断地发生着变化，并且找准了自己的航向。在这个过程中，他从基层直销员蜕变为一位领导人，实现了华丽转身。多年的经历，炼就了他坚强的意志，塑造了他王者的性格，也在潜移默化中改变着他的命运。

大浪淘沙始见金。面临多次的选择时，刘文江并没有迷失自我，反而笃信，直销将是他可以奋斗终身的事业。因为在这里，刘文江找到了一种强烈的归属感。

日本著名企业家稻盛和夫说过："不论你多么富有，多么有权势，当生命结束之时，所有的一切都只能留在世界上，唯有灵魂跟着你走下一段旅程。人生不是一场物质的盛宴，而是一次灵魂的修炼，使它在谢幕之时比开幕之初更显高尚。"对于刘文江来说，取得财富虽然是一件很开心的事情，但他们更倾向于心灵上的收获。刘文江开玩笑地说："即使又开辆桑塔纳去市场，大家一样也会认同我，只不过会说我太低调。"

"这么多年来，让我最感动的是，大家相信我们，并一路跟随到今天，不管领导人做出怎样的选择，他们都毫不迟疑地相信。这也是蜘蛛狼系统的核心竞争力所在。"关于蜘蛛狼系统为何能够达成今天的成绩，保持很低的流失率，刘文江一语道破天机。

塑造团队文化

我们做直销也好，做什么也罢，一定靠的是团队，那团队最主要靠的是文化，就拿我们蜘蛛狼系统来说吧，我们秉承的文化是爱心良心责任心，什么是爱心呢？最简单的也就是最接地气的一句话就是生我们养我们的父母，我们一定要爱她，换句话来说，我们的这个爱心就是一定要感恩所有的人，曾经鞭策过我们的人，打击过我们的人，换句话来说，就是给我们下绊的人，我们一定要用感恩的心去感恩他，再一个就是良心，那什么叫良心呢？良心就是人做事天在看，善有善报恶有恶报，我们在运作市场的过程当中一定要口吐莲花福报自来，送人玫瑰手有余香；再说责任心，每个伙伴来加入我们团队当中，我们一定要帮他实现最初的梦想，帮他了解他需要的是什么，帮助他实现人生的价值，这就是系统的文化。在蜘蛛狼系统的文化中他尤其强调"孝"文化，"孝是中华五千年文化最典型、最忠诚的传承，小孝治家，中孝治企，大孝治国,无论是经营家庭还是团队,孝都是最基本的准则。"

对于蜘蛛狼系统的名称来源,刘文江有这样的一番描述:"这个名字是有感于蜘蛛结网的行为,无论遭遇多少次的破坏,蜘蛛都会始终如一重新再来,体现出百折不挠、自强不息的精神,而我们直销人要具备蜘蛛的这种精神。经营直销事业就应该像蜘蛛一样,一旦结网就坚持一织再织,相信总有一天会织出一张完美的网。"

同时,直销是一个团队致胜的事业,在直销事业中没有完美的个人,只有完美的团队,而"狼"正是这样的群体动物,团体作战的精神是直销的灵魂。尤其是《亮剑》中李云龙对我们的启示,让我们明白团队之魂的重要,希望"蜘蛛狼"成为融合蜘蛛自强不息的精神和狼群团队作战精神的直销队伍。

刘文江是这样理解也这样践行着蜘蛛狼系统的文化。秉承"爱心、良心、责任心"的系统文化和成人达己,成己为人的系统理念,来吸引社会的各行各业的精英们。他的团队80%都集中在黑龙江和辽宁,少部分在南方。资源集中,如果遇到问题,团队能像狼群一样上前围剿,集中解决问题;直销版图南北布局半径适中,如果团队内部需要借力的时候,领导人们又能像结网的蜘蛛一样,随时可以补网、结网。

团队品牌打造

在刘文江的心中,一直有这样一个愿望,希望带领所有伙伴，在中国直销行业打造一支最人性化的直销团队，用爱心、良心和责任心服务于所有的事业伙伴。

蜘蛛狼系统在近几年的直销行业评选中屡次获得团队及个人荣誉，让所有行业领导和嘉宾们刮目相看，让人们记住了在直销行业的沃土上，成长起这样一支有梦想、有文化、有激情的创业团队。

刘文江说，现在的社会日新月异，如果不向别人学习，就不会看到自己的短处；如果只是原地踏步，终究也会落后于后起之秀。作为一个在行业摸爬滚打并取得一定成绩的行业先锋，刘文江会利用行业盛会的平台去向同行学习，他说，尺有所长，寸有所短，只有多比较、多了解才能找到最适合自己的。作为一个有担当的系统领导人，他说，一个团队是否能长足稳健地发展，不仅要看教育系统，还要看教练教官。现在市面上能见到各种特色的教育培训资源，但是每个人的时间和精力都是有限的，这些资源都浪费不起。与其眉毛胡子一把抓，不如有的放矢，学会借力造势。基于对教育培训的重视，蜘蛛狼系统成立自己的商学院及教育培训基地，把内部培养强化和外部资源整合做有机合一。而在记者采访的过程中，刘文江还透露，他正在清华大学进一步深造。

在蜘蛛狼系统的培训计划里，刘文江每个月都要定期组织系统的内部学习，把在外地的团队骨干组织起来进行密闭地培训。别人是走出去，刘文江是请进来。因为"我们需要时刻营造团队的氛围,与其让团队伙伴在当地不知所以然地摸索,不如把大家聚在一起交流心得。"在团队里,刘文江有时像指挥官,运筹帷幄;有时像教练,发掘队员的潜能,制定详细的训练方案,帮助团队迅速提升;有时又像大哥,极富责任心地手把手带领新人融入,关爱着大家的成长。正是在刘文江的鞭策和鼓励下,蜘蛛狼系统的业绩实现连年高速增长,得到公司的一致认可和嘉奖。

团队建设与发展

刘文江说,直销不仅仅是销售这么简单,销售仅是开拓市场的前端部分,最考验人的耐力,而真正让业绩爆发的点其实是终端服务。对于直销行业的新人,领导人要走到他的身边言传身教,带领他们成长;对于新接触产品的顾客,直销人要给他们提供专业的产品知识和完善的售后服务。为了提供更优质的服务,刘文江不像其他的团队领导人一味图大,图全,而是深深地扎根在东三省。"系统建设就像植树一样,并不是看树木有多高,树冠有多大,而是看这棵树的根基是否扎牢。只有庞大扎实的根系,才能孕育成参天大树。在直销行业中,一个稳健的团队不是拼谁的人多,而是看谁走得更长更远。目前,我的团队要想覆盖全国市场还有一些难度,倒不如在一个地方夯实基础,厚积才能薄发。"刘文江对于蜘蛛狼系统的未来踌躇满志。

在团队管理过程中,他始终很认同马云的管理理念,马云在国际互联网大会上的讲话,对于任何一个团队在管理方面,都有很大的借鉴意义。所以,刘文江认为团队的运作一定要让任何一个伙伴都感觉到舒服。虽然他作为一个团队领袖,但并不是说要在团队的方方面面发号施令,一定是要为他们服务。

蜘蛛狼系统有一个核心理念,就是爱心、良心、责任心,爱心就是要爱所有的人,尤其是爱自己的父母,爱自己的家人,爱自己的伙伴,在这一点上就是要求所有的伙伴,在做直销行业之前,绝对不允许自己过生日,过生日的时候一定要给自己的父母买礼物,就是爱心;良心就是每一个加入蜘蛛狼系统的伙伴,绝对要讲良心,不能坑人害人,更不能骗人;责任心就是对于每个伙伴加入,团队要有责任帮他们成长,首先要让他们去学习,帮助他们,给他们进行产品讲解,以及公司方面的讲解,这个培训,一定要让他们学习到位,让他们消化到位,让他们自己成长,尽到对下属的责任,所以整个蜘蛛狼团队在运作当中,上下一条心,上下一起做。

直销发展趋势

如今,作为蜘蛛狼系统的创始人,刘文江更是扎根在东三省这片广袤无垠的黑土地上,默默耕耘着大健康产业。

东三省是全国的老工业基地,由于国家战略调整,许多工人都是下岗工人。习近平总书记说,在产业转型的时候,需要给他们多一些机遇。重振东北经济，是个历史遗留的问题，也是个沉重的课题。这不但需要眼光，也需要魄力。东北是直销的沃土，许多成功的直销领导人都发迹于东北三省。直销事业还在国内刚刚兴起时，刘文江就瞄准了这个商机并立志于把这个作为传承的事业。他的身上有着东北汉子豪迈硬朗、敢说敢做的性格，这样的性格自然能够吸引一大批志同道合的好朋友。

直销现在确实处于消费创富的年代，也处于"互联网+"的时代。而作为流通产业链的一个组成部分的直销业，正在"互联网+"的条件下进行着第三次转型和升级，各个直销公司也在进行升级版的从线上到线下（O2O）互通的复合型营销商业模式的创新。和流通产业中其他行业不同，直销业是大众创业、万众创新，在"互联网+"流通的新经济形态中，必然会涌现出各具特色的转型典型企业，而且在一个企业集团的产业链的构建、产业集群的培育、产业结构重组、集团架构的创新会有所作为，从而进一步推动互联网+直销的发展。

在刘文江看来，未来的十年才是中国直销黄金十年，尤其是最近几年商务部颁发牌照的力度逐渐加大，相信未来中国直销行业的发展会更加令人兴奋，原因就是首先直销可以选定重要的客户；另外现在世贸保护期已经过了，国外的很多直销公司，一定会涌入到中国来，中国政府一定会大力支持民族的直销企业，会越来越促进直销行业的稳定和繁荣。

李亚洁：诚信是事业成功的基石

道易系统创始人

中脉道易事业部负责人

道易系统曾荣获"2016最具加盟价值的直销系统"荣誉

曾经是一名银行职员的她，虽然出身平凡，但从未甘心平凡而平庸的生活，她经常告诉自己一个人来自哪里不重要，今天是什么样子不重要，重要的是明天去到哪里，变成什么样子才重要。正是这样一种不断追求卓越的信念，让她的人生不断地蜕变：从银行的职员，到下海经商，她的人生不断地跨越。接触移动支付事业，再次点燃了她心中的梦想和渴望。她看到移动支付事业是一个更大的事业平台，在这里她可以帮助更多的人实现梦想，于是她做出了一个让人吃惊的抉择：放下经营多年的美体事业，全身心的投入移动支付事业，并用短短一年的时间，移动支付的种子撒遍了全国十多个省市。她就是创造辉煌的典范，也是道和移动支付的合伙人、道易系统的缔造者李亚洁。

道易系统扬帆远航

2016年10月17日，在道易系统启动大会暨表彰盛典上，她一袭黑裙，雍容典雅的妆容给现场500多名观众留下了难忘而深刻的印象。

李亚洁出生河北唐山，上帝赋予她智慧的同时，也赋予了勤劳的性格和敢闯敢为的气魄。从银行职员到下海做代理商，从美体行业的老板，到移动支付合伙人，再到拥有自己的庞大的系统的创始人，李亚洁用女性柔软而坚韧的力量，挥洒并创造了今天的荣耀。

喜欢看财经报道、中央经济频道的李亚洁曾经思考过一个问题：直销为什么如此受欢迎？很快她很快找到了答案，因为它有着非常精妙和利好的经营模式。在直销行业沉淀多年的李亚洁，敏锐地察觉到了在中国做直销，不是赢在产品上，永远是赢在先进的商业模式上。她认为，一个繁荣的背后，一定会有一个先进的模式在支撑。而道易系统POS机的推广，运用了这种含有直销的奖金分配的模式来运作市场，成为"直销+金融"创新模式的典范，开辟出了直销行业新机遇。

"取之有道，易信天下"是李亚洁创立道易系统的初衷。

在道易系统启动大会现场，李亚洁说："如今三纲五常已被很多年轻人忽视，却被道易系统重新带回人们的视野。

因为道易系统的所有合作伙伴看来,这不仅是人生的基石,而且也是中华智慧渊源流长的根本。道易系统正是尊重诚信,追求诚信,立足诚信的践行者。道易系统之所以提倡三纲五常,其最重要的原因是诚信,不光是两句话,也不是一天两天,而是持之以恒,诚信守信每一天。中国改革开放40几载,经历了很多风雨的洗礼,其中最大的阻力就是诚信的缺失。一些时过境迁,行业遇到的阻力依旧让人叹为观止。或许有人会好奇,难道一句诚信就能够取得如此惊人的业绩吗?道易系统给了怀疑者坚定、有力而又鼓舞人心的答案。"

总结过去,立足现在,展望未来,她们有十足的信心和动力,在各界朋友的大力支持和理解下,在全体道易人的努力下,劈波斩浪、勇往直前、扬帆远航;道易人将迎着新征程的万道霞光,克服激流险滩、狂风骤雨,无所畏惧、砥砺前行。她们将用热血和汗水为中国直销行业的健康稳健发展贡献力量。

道易文化与愿景

道易系统是一支年轻而朝气蓬勃的系统,由一群经过市场千锤百炼的行业精英和系统领袖组建而成。她们以"取之有道,易信天下"作为每个人的使命,以"同频在一起逐梦,诚信伴你我成功"为整个系统的核心价值观。通过系统的力量,希望把最好的产品和成就梦想的机会送给最信任的人,在分享、自由、快乐、成就的人生旅程中，以"信"立天下，让道易系统成长为行业的诚信标杆。

在国家政策、利好导向和市场发展需求渐需旺盛的双重驱动下，诚信这个中华民族文化的优秀品质更是成了稀缺的资源。在李亚洁看来，信用就是财富，就是资本，失去了诚信就是失去了财富与资本。如果没有诚信，又有谁愿意跟随团队奋勇向前，如果没有诚信，人们将会失去一切。

道易人始终谨记"取之有道，易信天下"的使命、实现"让诚信成为道易人的最低标准"的愿景、坚持"把最好的服务送给最亲近的人"的经营宗旨，以及贯彻"己所不欲，勿施于人"的系统理念。汇聚力量、坚守诚信，努力实现道易人的创业梦想，成就道易系统和中脉的百年事业！

今天，在"大众创业、万众创新"的变革时代，道易系统必将卓越成长，实现跨越式发展，同时她们也始终坚信"诚信的力量"。由此可见，宏大的系统发展战略背后是道易系统对创新性系统运营模式的不断追求，是系统领袖们大气魄、大战略的光辉闪耀，更是全体成员敢为人先、锐意进取的拼搏精神的写照。

强强联手打造诚信创业平台

道易系统与南京中脉合作成立中脉道易事业部，可谓是李亚洁的神来之笔，也是道易系统新的里程。她表示，南京中脉的经营理念，与道易系统的"诚信"诉求不谋而合，正是因为本着诚信经营、规范发展的企业宗旨，南京中脉自2006年拿到直销牌照以来，赢得了市场和社会各界人士的广泛好评。十余年的直销行业耕耘，如今的中脉已经发展成为中国直销企业的领跑者和产业化发展的楷模。据了解，中脉一直将坚守诚信视为立业之本，并坚持诚信经营，这使其在业内获得了良好的消费者口碑。在互联网+时代及新经济形态繁衍生息之下，诚信缺失越来越严重，诚信已经成为社会文明建设中亟待"恶补"的一堂必修课，各行业虽然高呼诚信，但践行者却少之又少，在此中脉公司对诚信的坚守就成了行业内的一股清流。在"互联网+"时代，无论中脉与时俱进打造跨境电商平台——脉宝云，还是做其他的创新，中脉都坚守诚信，始终不渝。

道易系统也将跟随着中脉的脚步，一如既往遵纪守法、规范经营，迎接新的发展机遇。道易人相信依托中脉坚实的舞台，一定能实现人生的精彩华章。

现如今，随着互联网购物平台的广泛应用，购物平台的商品信息与实物不符的现象频发，而中脉为了追求购物平台商品说明与实物一致，从项目提出到正式启动，呕心沥血，耗时多年打造移动互联购物端+轻创业平台——脉宝云，真正实现汇集全球各国上万种优质商品，为消费者提供价格便宜公道、产品保真的全球优质商品。据了解，为了坚守自己的诚信经营理念，中脉所打造的脉宝云看似平常的全球直销消费系统，却让中脉耗费巨资长时，并在产品、IT、物流、仓储、营销、客服、培训、奖励等方面为店主做出了大力支持。

为了坚守诚信，中脉花重金耗长时创建脉宝云，李亚洁为了坚守诚信宁愿失财，因此商人重利薄信的说法在她身上并不适用。李亚洁曾表示，直销作为一种销售渠道，它的本质是销售产品，而作为直销人如果在自己的直销事业创业过程中，如若失信于消费者，那么就是自毁前程。也正是这样一种不断追求诚信的价值观，让李亚洁的人生不断地蜕变：从银行的职员，到下海经商，她的人生不断的跨越。相比其他模式，直销是一个更大的舞台，再次点燃了她心中的梦想和渴望，她全身心的投入到直销事业中，致力于帮助更多创业者达成创业梦想。

道易人的荣耀

在"第七届中国直销文化论坛暨第九届（2016）最受尊敬的直销企业年度评选"颁奖盛典上，道易系统凭借其完美的运营模式和极具共鸣的系统理念，夺得了"2016最具加盟价值的直销系统"的荣誉，创下了创立时间最短就摘下这项荣誉的传奇。

利益追求向来是失信者摒弃诚信的理由，这也是造成诚信在社会及行业中畅行的最大的阻力，道易系统'诚信先于业绩"的理念自然会换来很多人对其业绩的质疑,但道易系统却用惊人的业绩回击了失信者的谬论,增强了诚信坚守者的信心和信念。"

今天,在直销行业创新变革的时代,道易系统必将卓越成长,实现跨越式发展,同时我们也始终坚信"诚信的力量",只有愿意彼此相信才会创造出更大的社会价值。由此可见,宏大的系统发展战略背后是道易系统对传承正派直销与创新性系统运营模式的不断追求,是系统领袖们大气魄、大战略的光辉闪耀,更是全体成员敢为人先、锐意进取的拼搏精神的写照。

第四章
领导人的灵性修炼

渴望是成功的起点

心理学里有个吸引定律,说的是人的思想总是与和其一致的现实相互吸引。当我们渴望成功时,就能充分发挥吸引定律的正向作用。

渴望代表着一个人对拥有某一事物的强烈愿望,当一个人带着热切的渴望去追求自己的目标时,他会竭尽全力甚至不惜一切代价确保目标的实现。虽然说人的能力是有限的,但欲望却是无限的。能力虽然有限,但是只要尽力发挥,足以帮助我们解决很多看起来难以办到的事情。很多人觉得自己能力不够,实际上并非如此,因为他们没有用有效的手段将自己拥有的能力完全施展。而在这其中,热切的渴望就是最强大的驱动力。

做什么事情都需要热切的渴望,保罗麦尔的名言"你所清楚预见的、热切渴望的、真诚追求的、全心全意争取的,都会自然而然的实现。"由此可见,当我们热切渴望某一事物的是现实,这件事就会深藏在我们的脑海,吸引着我们为实现目标而努力,这就是渴望的强大魅力所在。

曾经有一个年轻人,他只是单纯的想成功。所以他找到了一位他视为偶像的大师,并告诉大师他想成为像大师一样强大的人。

大师说，如果你想成为像我一样的人，那么明天早晨来海滩见我。所以那个年轻人四点的时候就赶到了，全副武装。

大师走过来攥着他的头问："你有多想成功呢？"年轻人说："我真的很想！"接着大师让他走下水。所以他就这样走进海里。海水差不多淹到年轻人的腰际。此时的他就像一个疯子一样。

年轻人心里想："我只想成功，他却只教我游泳。我可不想成为一个救生员。我只想成功！"大师察觉到这一点。所以他就对年轻人说："再走远一点。"然后年轻人又走远了一些。这时候水差不多已经淹到他们肩膀附近了。年轻人心里想："这老家伙真是个疯子，他很成功但却是个疯子。"而大师却一直说："再走远一点，再远一点。"这时候水已经快要淹没他的嘴了。此时大师让年轻人往回走，这家伙一定疯了。

大师这时候说："你告诉我你想成功的。"

年轻人回答道："是的！"大师让他又走远了一点。这时候大师走近年轻人，把他的头按倒水里，再提起来，再按倒水里。就在年轻人快不行的时候，大师把他拎了起来。他告诉年轻人：当你对成功的欲望足以与对呼吸的欲望媲美的时候，你就会成功。

不知道你们有多少人有过哮喘的体验？如果你曾经有过这种体验，你感到气息不足，你就会像这样深呼吸并喘气。

这时候你唯一要做的，就是去吸取新鲜空气。此时的你不会在意电视正在播什么，不会在意有没有人给你打电话，不会在意派对的琐事。这时候你在意的只是在呼吸的时候吸取一些新鲜空气，这就是全部了。当你理解到自己对成功的渴望就像对呼吸的渴望一样时，你就会成功。

很多人都会带着一种可有可无的心态去追求自己的目标，这种无所谓的态度首先就会让你难以尽到全力，还没开始，失败的结果往往已经注定。所以说，如果我们想要在任何一个领域取得成功，就必须要有热切的渴望，有战胜困难的信心。因为社会的每个领域都在进行着激烈的竞争，而每个竞争者的能力相差都不大，但是对成功的渴望却可能相差很远，正是这种差距，将最终决定谁胜谁负。如果你不想做一个失败者，那么你首先就需要在渴求度上战胜你的竞争对手。

在销售领域，那些销售狂人无一不对获得销售业绩有着热切的渴望。正因为如此，他们才会想尽各种办法去找资源联系客户，将这些当成自己成功路上的一小步。渴望是一种内心能动的表现，也将让我们在行动中充分发挥自己的主观能动性。实际上，这些热切的渴望完全来自于与内心的消化吸收。很多人常常受到鼓励，却并没有转化成前进的动力。有的人面对现实生活的刺激，外界的压力，失败所带来各种屈辱和痛苦的打击，却能通过内心的笑话，转化成一种对成功的热切渴求。所以说，要想获得这种强大的正能量，你必须依靠你自己，其他的各方面因素只能成为辅助条件。

最重要的是，在我们从事销售这份工作之前，我们首先要明白自己为什么要到这里来工作，我们工作的目的是什么，为达到这些目的我们应该做些什么。如果我们心中能有清晰的定位，就很容易形成强烈而热切的渴望。热切的渴望除了为我们解决很多问题本身带来实际的帮助，还将让我们产生一种强大的气场，让周围的人受到感染。

虽然可能现在的你只是一名普通的基层销售人员，但是你只要是带着热切的渴望来从事这份工作的，那么你的这种精神特质将很快被你的上司关注，他们会给予你精神上的鼓励，现实中的帮助，或者让你升职加薪，为你提供更好的发展平台；哪怕你一开始能力和经验有所欠缺，销售业绩并不好，上司也会给你足够的发展机会，因为他们也是过来人，认为在这种精神的激励下，你将会积极进取，并且有很大的潜力可挖。

除了基层和中高层的销售人员以外，营销团队的领袖同样需要带着强烈的渴求去追求成功，并将这份对成功的渴望传递给你的每一个团队伙伴。只有这样，你才会吸引那些具有相同追求的销售人才追随。因为每个人都希望能在一个渴望成功的领导手下做事，因为你的努力能够给他们创造更大的发展机会和平台，并让自己获得远大的发展前途。这些境遇将给那些对成功有着强烈渴求的人带来精神力量，让他们对成功的渴求更加热切。当团队领袖带着热切的渴望去追求目标时，他们的眼里只有目标，各种艰难险阻带来的痛苦都将被漠视，当你很忘我的为成功目标奋斗时，你的团队成员也会同你一样精力充沛、斗志昂扬、充满希望。

有信念才会到达终点

美国散文作家、思想家拉尔夫·沃尔多·爱默生说过：思想乃是人类所有行为之起源。在我们成长过程中，理解这一点时就开始明白思想之外的每个东西都有其对应的思想根源。我们选做的事情和每天的坚守等都是我们内心的反映。正如美国人布里斯托在《秘密的法则》中所讲："懒散的举止是懒散的思想体现，而警觉正直的举止是内心力量和信心的体现。你是自己思想的产物，你相信你自己是什么，你就是什么。"佛在数百年前也说："万法唯心。"可见，内心的追求形成理想和信念，且是自己成功的根源。

信念如此重要，为什么许多人却很随意地对待这个问题？关键是这些人不明白自己的方向，失去了最起码的思考，走一步算一步，这也是他们懒散的信念在作祟。信念通过思想形成，有了信念，明确方向，就可以具备前行的力量。不满现状，才有梦想；因为没有，才需要；因为弱小，就想强大。明白了这些才能有所追求！

可以说，信念是一个人意志的基础，没有了信念，我们也就缺乏了实现最终目标的动力。在做很多事情，尤其是实施重大和长远的计划时，漫长的实施过程中的种种艰辛严重考验着我们的意志。要想成功战胜坎坷艰难的考验，就需要坚定的信念来作为支撑。坚定的信念能让我们有信心和决心去达成目标，并为此尽最大的努力去克服困难，获得最后的成功。

有两个赫赫有名的人物，一个相信自己，充满信念，他成功了；另一个不相信自己，迷信权威，他失败了。前者叫小泽征尔，后者叫弗兰克林。

小泽征尔这位被誉为"东方卡拉扬"的日本著名音乐指挥家，有一次在欧洲参加音乐指挥家大赛。他拿到评委交给他的乐谱后，稍作准备，便全神贯注地指挥起来。突然，他发现乐曲中出现了一点不和谐，开始时他以为是演奏错了，就指挥乐队停下来重奏，但仍觉得不自然，他感到是乐谱有问题。可是评委们都认为是他的错觉，乐谱没问题。面对国际音乐界的权威人士，他犹豫片刻后，坚信自己的判断是正确的。于是，他斩钉截铁地说："不，一定是乐谱错了！"他的语音刚落，评委们全都站起来，向他报以热烈的掌声。原来，这是评委们精心设计的一个圈套，以试探指挥家们能否在权威人士面前坚持自己的判断。因为只有具备这种素质的人，才真正称得上世界一流的音乐指挥家。

弗兰克林是一位很有才华的生物学家，1951年，他首先发现了脱氧核糖核酸的螺旋结构，但因受到"权威"的诘难，竟然承认这个发现是错误的。后来，又有两位科学家在1953年重新发现了这一结构，并获得了诺贝尔奖。弗兰克林由于不敢相信自己，将自己在生物学上划时代的发现拱手让给别人，这是多么痛惜的事！

"认为自己能行是正确的，认为自己不行也是正确的。"不论是小泽征尔，还是弗兰克林，他们的结果都是按照他们心里对自己说的那样出现。很多事情"信则有，不言则无"，成功也是如此。说自己行的人，潜意识会把成功的信念变成成功的行动，说自己不行的人，潜意识会把自卑的念头变成失败的行动。给大脑正面的刺激——即"良性的自我暗示"，大脑就会活跃起来，产生连自己也意想不到的力量。

正因为如此，看一个人能否获得大成功，首先就要了解这个人是否具有坚定的信念。作为团队领袖，我们首先就要有实现团队发展目标的坚定信念，否则没有人会跟随你。没有坚定的信念，你就失去了获得成功的基础，试想一下，谁会跟着一个对成功缺乏信念的团队领袖发展事业呢？

目标越大，需要经历的艰难险阻也越大。团队领袖可以树立一个团队的大发展目标，但在实现目标的过程中，必然会有各种难题出现。在这些难题面前，团队领袖就必须要有坚定的信念，要让你的团队成员看到你对于成功的执着和不放弃。只有这样，他们才会在你的精神感召下跟随在你左右，和你一道攻坚克难，最终促成团队目标的实现。

另外，作为一个团队领袖，不管你能力多强，都无法取代整个团队的力量，单枪匹马也不可能和其他的团队竞争，只有打造一支强大的团队，你才有可能成为市场竞争的胜利者。

一个优秀的团队领袖不是只会蒙着头带团队冲锋的莽汉，一定要站在一定的高度去建设和整合团队。团队建设第一个必须重视的关键点就是要有坚定的信念，也就是让每一个团队成员对自己、团队、领袖乃至这个行业的发展产生坚定的信念，只有这样，才能让整个团队朝着一个方向前进，在遭遇挑战时能充满韧劲。而团队领袖要做的就是帮助每一个团队成员建立一种坚强的信念，并用这种信念来对团队的发展进行牵引和推动。

试问，人到底什么时候最恐惧？显然不是没钱没食物没水的时候，应该是没有方向的时候！有了方向，所有的困难都不是困难！"信念"是一切的根源，要想改变一切，首先要改变自己！学习是改变自己的根本，人的一切都是自己创造出来的！"我们是阳光，我们的世界充满阳光；我们付出爱，我们就生活在爱的氛围里；我们是快乐，我们就在笑声里。同样的，我们每天抱怨、挑剔、指责、怨恨，我们就生活在地狱里。我们心在哪儿，信念、成就就在哪儿！"与坚持梦想者同行；与坚持信念者同行；在团队中相互鼓励、支持、分担、共享，就是与成功相伴！

生命中最珍贵最强大的就是灵魂，而灵魂的依附和营养就是信仰！所以，这世上的每个人，都应该建立自己的人生原则，从原则升华成信念，再从信念升华成信仰。要带着希望，怀揣梦想，像花一样绽放，要让世界因为自己而更加美丽！

寻找生命的价值与意义

价值是表示客体对主体意义的范畴，表达的是客体满足主体需要的关系；而生活的意义即自我的生活状态是否让我们感到愉悦？生命的价值则更内在一些，指的是人活着有什么意义，自我对生命状况的存在性质、过程与内涵是否满意等。其实，生活意义一般与世俗的成功有关，即我们获得了多少外在的诸如金钱、权力、地位、美誉等，这可以带来生活的愉悦感、意义感；而生命的价值则一般与精神与心理上的幸福有关，指的是我们内心对生活及生命存在状态是否满意的评判，带来的是生命有价值的感觉。人与动物不同的根本点在于，人总是在追寻生活的意义（成功）与生命的价值（幸福），并努力实现之。

其实，人们对生活意义与生命价值的追寻往往集中在一个问题上：人为什么而活着？即人生之目的到底是什么？在不同的年代、不同的人那里对这一问题会有不同的解答，而现代人在此却常常陷入到"困惑"的境地，因为人们越来越多地关注自身当下或此刻的生活感觉，感觉好，则一切都行；而只要感觉不好，就开始怀疑人活着的意义。

遗憾的是，现代人常常处于感觉不好的状态，于是就陷入到人生的"烦"、"苦"、"郁闷"、"无聊"、"纠结"之中，甚至伤害起生命存在本身来。人生目的之错位使人们生活意义和生命价值流失，最终造成是否值得活下去都成了问题。世界卫生组织北京心理危机研究与干预中心执行主任费立鹏博士指出："美国、加拿大现在人口的自杀率是十万分之十一到十二，而中国国内人口的自杀率为十万分之二十三，是这些大国的两倍。""根据我们的推算，（中国）每年有28.7万人自杀死亡。至于自杀未遂的数字，卫生部有一个报告，是200万。但按世界卫生组织的推算，自杀未遂的人数起码是自杀死亡人数的10倍，按自杀的人数来推算，应为280万。"自杀者具体原因有很多，但最根本的则都是因为觉得生活没有意义，生命价值趋于无而引发的，由此可见问题的严重性。

南宋淳熙八年(1181)二月，心学大师陆象山及门人来南康拜会知军朱熹，朱子与他们一行同游星子落星湖，然后请陆象山登白鹿讲席，"以吐所闻"，"得一言以警学者"。陆象山欣然应允，开讲《论语》中"君子喻于义，小人喻于利"一章，谈的核心问题就是人们生活意义与生命价值的问题。其云："此章以义利判君子小人，辞旨晓白，然读之者苟不切己观省，亦恐未能有益也。某平日读此，不无所感：窃谓学者于此，当辨其志。人之所喻由其所习，所习由其所志。志乎义，则所习者必在于义，所习在义，斯喻于义矣。志乎利，则所习者必在于利，所习在利，斯喻于利矣。故学者之志不可不辨也。科举取士久矣，名儒钜公皆由此出。今为士者固不能免此，然场屋之得失，顾其技与有司好恶如何耳，非所以为君子小人之辨也。而今世以此相尚，使汩没于此而不能自拔，则终日从事者，虽曰圣贤之书，而要其志之所乡，则有与圣贤背而驰者矣。推而上之，则又惟官资崇卑、禄廪厚薄是计，岂能悉心力于国事民隐，以无负于任使之者哉？以事其间，更历之多，讲习之熟，安得不有所喻，恐不在于义耳。诚能深思是身，不可使之为小人之归，其于利欲之习，怛焉为之痛心疾首，专志乎义而日勉焉，博学审问，谨思明辨而笃行之。由是而于场屋，其文必皆道其平日之学、胸中之蕴，而不诡于圣人。由是而仕，必皆共其职，勤其事，心乎国，心乎民，而不为身计，其得不谓之君子乎？"据记载，陆象山的这次演讲非常成功，听讲者甚至感动得流下了眼泪："当时说来痛快，至有流涕者，元晦深感动，天气微冷而汗出挥扇。"

讲学之后，朱子赞为"切中学者隐微深痼之病，听者莫不悚然动心"。"熹在此不曾说到这里，负愧何言"。又说：讲义"至其所以发明敷畅，则又恳到明白，而皆有以切中学者隐微深痼之病，盖听者莫不悚然心动焉，熹犹惧其久而或忘之也，复请子静笔之于简，而受藏之，凡我同志，于此反身而深察之，则庶乎其可不迷于入德之方矣"。

为何陆象山的讲演对朱子有如此大的震撼呢？所谓"场屋"、"入仕"、"俸禄"其实就是人们世俗之成功的象征，可以带来生活的意义感。但如果人人都按朱熹在《揭示》中所云：士子为学应该在"讲明义理，以修其身，然后推己及人"，而"非徒欲其务记览，为辞章，以钓声名，取利禄而已也"，那就只突出了道德的理想主义的生命价值论，贬抑了人们对感性生活意义——功名利禄的追求。

事实上，生活意义与生命价值难觅的状态实起源于人们越来越世俗化的人生目的之追求，可以说，以市场经济为主导的当今社会，金钱成为许多人的全部人生追求，物质上的富足与否成为衡量人们成功的主要原因。

我们在做的销售即是如此，这个行业是十分注重实效的。也就是人们所说的商业价值，很多销售人员常常会有这样的经历，如果自己这一个月业绩好了，那么周边的一切都是"春暖花开"，上司对自己态度和蔼，笑脸相迎，一旦业绩不佳，那么就会如坠冰窟，上司怎么看你都不顺眼。正是这种强烈的功利主义，让很多销售类企业缺乏文化底蕴，甚至连一点人文关怀都没有，只有冷冰冰的金钱利益。有些销售企业甚至不招收没有经验的新员工，因为他们不想冒这个风险，去花费时间去培养一个新人。但它却没有考虑其中的意义。

曾经有一个很成功的销售企业，在一次年终总结大会上，老总很自豪的说："我们这个公司最宝贵的财富就是这些员工，他们有超过一半的人在公司工作的时间超过四年，其中所有的部门管理人员都是工龄超过四年的老员工。哪怕今天我的公司破产了，只要我带着这些员工租一块办公场地，用不了几个月，公司又能做起来。"所以说，一个成功的企业一定要有底蕴。作为企业的管理者，不能只是着眼于员工身上的现实价值，更应该从长远的意义上去建设团队。否则的话，你只能为别的企业培养人才。

所以说，要想成为一个优秀的团队领袖，要学会全面和长远的看问题，学会关注团队成员的长远发展，而不是仅仅盯着他们近期能给这个团队创造现实价值。只要他们的努力是对发展有利的，即使短时间内并没有体现效果，也应该认识到其积极的意义所在，对其进行鼓励和帮助，只有这样，才能打造出一个具有凝聚力的团队，确保团队的稳固性和生命力。而团队注重"塑造人、培养人、成就人"的这种理念，更会为团队带来大量的精英力量，比起那一点短期的利益，它意义和价值要大得多！

作为一个基层销售人员同样如此，不管你的能力如何，都要带着一颗平常心来看待自己的销售业绩，接受自己的业绩波动，不要因为这一个月没出业绩就将自己的工作看得毫无意义，因为它很可能成为下一个月业绩的准备。只要用心去做，这些工作就是有意义有价值的，即使没有立即成功也是在为成功做着准备和铺垫，必然会在以后的工作中创造出价值。销售就是一份需要扛得住压力的职业，要锻炼出强大的心脏，就必须要积极地进行自我鼓励，要做到这一点，首先根据需要从价值和意义的角度全面地看待我们的努力。

另外，从另一个更宽泛的角度来看，销售这份工作除了对企业和员工本身将创造巨大的利益之外，对这个社会也具有巨大的价值和意义。作为团队领袖，一定要具有高度的格局，除了从金钱等的小角度的价值和意义来激励团队成员之外，还应该从全社会的价值和意义出发，让你团队成员从心底尊重自己的这分工作，带着一种自豪感投入自己的工作，只有这样它们才能用一种稳定的情绪来长久地从事这份工作，这不管是对团队还是成员本身，都极具现实意义。

很多销售人员一旦在自己的业绩不好使就会对自己甚至这个行业产生怀疑，有的销售人员甚至在自己销售业绩很好的情况下还会觉得身心俱疲，从内心深处讨厌自己的工作，觉得自己只是骗子和赚钱机器，原因就是没有真正理解工作的意义和价值，这样的人很难成为具有素养和精神气质的销售精英。只有看到工作的意义和价值，我们才会在工作中多一份坚持。不管是生活中还是销售领域都是如此，只有用价值和意义来作为衡量的尺码，我们才会生活得富有意义和价值。

作为团队领袖，你首先要做的就是对此要有一份深刻的理解，同时将你的这种理解传达给每一位团队伙伴，让他们带着一种自豪感来从事自己的工作，只有这样，才能打造出一支具有高度思想境界的营销团队。

确立正确的追求目标

人生首先必须要有一个目标和追求。一个人活在世上，最可悲的就是没有一个生活的目标和不知道如何去实现这个目标。当一个人头脑中一旦有了明确的目标，同时也有一定要达成的强烈决心和意愿时，他自动地就会将全部注意力放在目标的达成上。而此时就产生了一种强大的动力，而这种动力是达成任何目标都不可或缺的主要要素。这种动力可让你具有耐心，不轻易被挫折打败，它会增强你的组织计划能力，提高你的想象力和创造力，若再配合上自我暗示的步骤来加强潜意识的信念和信心，以及获得第六感的协助，一个人想要达成任何的目标都不是一件难事。

一个健康正常的人，起初都会有自己的人生目标的，为什么到头来有的人能够实现，有的人无法实现呢？归根到底，不是目标选择不正确、客观条件不许可，就是所选择的目标不切合实际、不适合自己所长，或是方式方法不对、主观努力不够。因为只有正确的目标和追求，才能不断引导人们走向理想的彼岸，实现人生的价值，从而使人走完美好的生命历程。所以人生在世，必须要有一个正确的目标和追求。

记得有一个《南辕北辙》的故事，说的是从前有一个人，从魏国到楚国去。他带上很多的盘缠，雇了上好的车，驾上骏马，请了驾车技术精湛的车夫，就上路了。楚国在魏国的南面，可这个人不问青红皂白让驾车人赶着马车一直向北走去。路上有人问他的车是要往哪儿去，他大声回答说："去楚国！"路人告诉他说："到楚国去应往南方走，你这是在往北走，方向不对。"那人满不在乎地说：'没关系，我的马快着呢！"路人替他着急，拉住他的马，阻止他说："方向错了，你的马再快，也到不了楚国呀！"那人依然毫不醒悟地说"不打紧，我带的路费多着呢！"路人极力劝阻他说："虽说你路费多，可是你走的不是那个方向，你路费多也只能白花呀！"那个一心只想着要到楚国去的人有些不耐烦地说："这有什么难的，我的车夫赶车的本领高着呢！"路人无奈，只好松开了拉住车把子的手，眼睁睁看着那个盲目上路的魏人走了。那个魏国人，不听别人的指点劝告，仗着自己的马快、钱多、车夫好等优越条件，朝着相反方向一意孤行。那么，他条件越好，他就只会离要去的地方越远，因为他的大方向错了。

这个寓言告诉我们，无论做什么事，都要首先看准方向，才能充分发挥自己的有利条件，成为理想中的自己。

只有先看准方向，才能充分发挥自己的有利条件；如果方向错了，那么有利条件只会起到相反的作用。

那么，人生应如何选择正确的目标和进行正确的追求呢？

首先,要看这个目标是否对社会对人民有利。凡是对社会对人民有利的,这个目标就是正确的,就是可选择的;凡是对社会对人民不利的,这个目标就是不正确的,就是不可选择的。

其次,要看这个目标是否切合实际和适合自己的擅长。假如这个目标不切合实际和不适合自己所长,即使这个目标再伟大美丽非凡,也应该及时明智地主动放弃而另选。

再次,要讲究方式方法。这道理好比过河,过河可以通过坐船、过桥和游水的方式方法过去,一般来说,这坐船和过桥就是人们过河选择的正确的方式方法。一个人要实现正确的目标,也要选择正确的方式方法。否则的话,将会事倍功半,甚至永远也到不了理想的彼岸。

最后,要有百折不挠的坚强决心和孜孜不倦的拼搏精神。"合抱之木,生于毫末;九层之台,起于垒土;千里之行,始于足下。"你想实现美好的理想,就要从现在做起,从小事做起,一步一个脚印,须知"在科学上面是没有平坦的大路可走的,只有那在崎岖小路的攀登上不畏劳苦的人,有希望达到光辉的顶点。

假如你是一个没有目标追求的团队领袖,那么你制定的决策常常会是保守的、落后的、短浅的,这时你的团队成员会觉得跟着你没有什么发展前途,甚至没有前行的动力和斗志,但现实面对的是激烈的市场竞争。如果你的目标规划看起来极具前瞻性，能在众多的竞争对手中脱颖而出，那么你的团队成员将和你一样，为了追求目标而不遗余力。如果你本身没有追求，请不要幻想着你手下的团队伙伴能够有什么远大的抱负，能推动团队实现超越目标的发展。因为你制定的目标只给了他们很小的发展空间，他们只能在你设定的目标之下亦步亦趋。

正确的目标设定，乃是先决定你要过一个怎么样的人生，之后再去选取能够让你达成这个目标的工具，如此你的人生才不会有所偏差。人们常说："只有首先产生这样的想法，你才会具备这样的能力。"换言之，在任何领域，一个团队要想达到什么样的目标，首先就需要有对这个目标的追求。这个追求首先应该来自于领导者。只有领导者确立了正确远大的目标，才能将自己的追求反映在决策之中，整个团队的成员才会感受到这种意志，并受其影响，随后将这种高层意志转化成自己的行动思想，最终变成整个团队共同的追求。

成为理想中的自己

对于现状,也许每个人的内心都曾挣扎过,怀疑过现在做的事情,是不是就是自己想要的?因为这样的困惑,可能会导致你不断地换工作,慢慢地,你模糊了自己的目标,就此迷失。那么,该如何摆脱这种状态?你只需要牢牢记住,对于当下的所有事情全力以赴去做,就是让你成为理想中的自己最快的方法。

"活在当下"表示你完全投入在每一刻、而且把每件在做的事情都做好。也表示你献上你所有的热情、专注力。每个人都有梦想,或小或大、或远或近。无论结果如何,你都应该给它一个绽放的机会。虽然生活总是千变万化,总有那么多不如意,总有那么多不顺心,但你只要坚守自己的理想,就不会被打倒,再大的风浪阻挡不了我们前进的方向,坚持就是胜利,无论怎样,都不认输。

有非常多的人问过我,要如何改变自己?如何成为理想中的自己,我根据他们个人的情况给过非常非常多的答案,因为每个人因为生活环境、家庭环境的不同,产生自卑、消极等问题的原因也不同,所以我需要先了解这个人,再给出合理的建议。

有三位年轻人黄昏的时候在沙漠里迷路了,身上所带的食物和水也都不多了，三个人都很着急。在他们迷茫的时候，遇到一位老人，他们向老人问路怎样才能走出沙漠？老人指了指方向，并告诉他们顺着这个方向很快就可以走出沙漠，最后告诉三位年轻人："请随手带一些沙子出去，它们将变成金子？"三个年轻人听过老人的指点后就开始向所指的方向走去。第一个年轻人心想："身上所带的食物和水都快没了，还带沙子，沙子怎么可能变成金子，这老头真可笑，指路就指路，还给我们增加负担"。他并没有听信老人的话就走了！第二个年轻人将信将疑，顺手抓了一把沙子放进了口袋。第三个年轻人将身上的口带取下来，装了足够多的沙子背在肩上，他走的非常辛苦非常的累。老人知道他们的食物和水还可以支撑他们走出沙漠，只不过看他们自己是否有必胜的信念。第一个人自然走的很轻松，他什么负担都没有；第二个也还好，他带的沙子比较少；第三个人走的最辛苦，他装了满满一袋沙子。

当三个人顺着老人指点的方向走出沙漠后三个人找了一个地方住了下来，第二天早上第二个年经人最先醒来，他惊奇的发现口袋里的沙子竟然真的变成了金子。他大声叫道。原来老人让他们带的那片沙子是金沙。

这个小故事其实就是要告诉我们，该如何认清自己，找出你无法真正改变自己的原因，如何成为理想中的自己？

1.过分急于求成。

问题的形成是经过了十几年或者二十几年的时间积累，如果你想一下子就将其改变，这就是太过急于求成。很多人问我的第一句话就是："如何能够快速提升自信"？这足以说明他是一个急于求成的人，这对改变自己是很不利的。因为当你发现了自己的问题后，急着寻找一种快速改变的方法，如果找不到将会再次回到以前。甚至很多人连"自信"是什么都不清楚，而不断地说自己要自信。当问到他："你觉得自信的人应该是什么样子，具有哪些特征"时，他根本无法回答出来。

所以，如果你也觉得自己有些内向、害羞、自卑等，那么请认真的将这些问题详细地列出来，给自己足够多的时间，并想出多种方法使自己来改变。

2. 耐心不足，半途而废。

很多人目前的生活习惯都是很舒适的，比如每天睡到 7 点半起床，或者工作没什么压力，要么是什么事都按照自己的想法来做，等等。改变是什么？改变就是打破，改变自己就是要打破你目前舒适的生活，以前 7 点半起床，可能现在需要你 6 点就起来做事；以前你做什么事都按照自己的想法，只考虑自己的感受，现在需要你站在别人的角度来考虑问题！因此很多人刚开始几天还能够做到，可是坚持不了多久就放弃了，改变太辛苦了。

3. 目标不够明确。

既然要想改变自己，就要知道自己想成为一个什么样的人。比如，要成为一个在很多人面前就可以轻松讲话或演讲的人；或者成为一个不害羞、胆大的人；或者是成为一个可以和陌生人侃侃而谈的人。只要你可以明确自己的目标，就可以找到相应的方法，很多人无法改变自己，就是因为其目标太过于模糊，你不知道自己要成为一个什么样的人，那么你如何去实现呢？就像你不知道你要到哪里去，那你又如何能到达呢？

就像上面那段小故事所表达的内涵：那些沙子就像是一个人在改变过程中的行为和习惯，在你开始改变的时候你觉得它很沉重，是你的累赘，可是当你达到你的目标之后，你会发现它们是多么的宝贵。

改变的过程是艰辛的，就看你是不是真的想改变自己。如果你想成为一名销售精英，那么你就去做吧，先了解自己，给自己一个明确的定位，然后树立一个追求的目标，勇往直前。

王敬民：共创民族直销大业

仁和无极系统创始人
河南无极保健品有限公司董事长
国务院发改委直销课题组特聘调研员
2012年世界杰出华商协会会长单位、副会长
2013亚太区年度增员冠军
2013年度最具号召力系统领袖
2014年度最受尊敬直销领袖
2014年度直销商业风云领袖
2015亚太区最具合作价值品牌领袖
2016年度直销品牌榜领袖风范奖

在中国直销界有一位卓越的系统领袖，他是刑法硕士学位毕业，被誉为行业的传奇，他凭借一双敏锐的眼光和丰富独特的行业经验，成为人们眼中的成功人士、行业专家。他不仅自己获得了财富，也帮助千千万万个有思想、有梦想的人走上了脱贫致富的道路。二十多年的直销经历让他先后获得了几十个行业荣誉，他就是绿之韵健康科技仁和无极系统的创始人、河南无极保健品有限公司董事长、国务院发改委经济体制改革研究会中国直销课题组特聘调研员王敬民。

与直销结缘

王敬民出生在老革命的家庭,父亲是副省级干部,母亲是正处级干部,他们日理万机根本无暇照顾,一出生父母就把他托给奶母来无养。从小到大,他几乎没有得到父母像样的关爱,他从幼儿园到中学全住校,学校已经成为他不可分割的一部分。1968年3月应征入伍,无论是在部队服役,还是转业到地方工作,他完全是靠自己的自学能力,而且凡事都要求自己做到最好。

1971年,他从部队转业到地方被分配到郑州电信局,成为一名无线报务员,他苦练基本功,由于技能超群,很快他就被提升值班主任,并压倒多数票被选为局团委书记。可是当他即将结婚之时,发现婚房仍无着落,只好租用一间9平方米的房子作为婚房。为了能给妻子一个温馨的家,他放弃无数人梦寐以求的职位,到第一人民医院当普通职工。有一天,他从郑州晚报得知国家招募律师的消息,他夜以继日地学习,终于被录取了。为了弥补知识的匮乏,他报考了很多学习班,并且成为中国检察学会的刑法专业委员会理事、物证技术专业委员会理事、法医专业委员会理事等职。

多少年来,他在检察岗位的本职工作中兢兢业业、一丝不苟,多次荣立集体三等功、集体二等功及个人三等功、个人二等功、全国检察系统二级英模等殊荣。虽然他在工作上取得了骄人的成绩,但是生活却过得很拮据。看到很多人下海经商，过上了富裕的生活，他内心有过纠结，也曾徘徊。

1992年，一次偶然的机会他不经意地走进了雅芳专卖店，接触了直销产品。销售产品，获得奖金，这意想不到的收获让他从此对直销有了一定的认识。直销，一个贫民百姓自主创业的平台，正适合他家庭的兼职创收。从此，他义无反顾地走上自主创业这条路，路虽艰难，但其乐无穷。二十多年来，不但自己收获了丰厚的财富，而且帮助千千万万个有思想、有梦想的人，走上了脱贫致富的道路。

自主创业才是出路

王敬民的直销生涯，经历了太多的酸甜苦辣，十字路口的每一次抉择都是那么的无奈。俗话说"吃一堑长一智"，历经这一些失败经验和教训，他从中深深地悟出了一个道理：选择直销公司就像选妻子一样，选对了幸福一生，选错了会遗恨终生。虽然曾经他离开过直销，但他的心依然割舍不下对直销的那份情感，就像一幅对联写的那样："上了一当又一当，当当不一样，吃了一亏又一亏，亏亏有体会，死不改悔。"他做直销从没赔过钱，但每次组建团队都半途而废，实在令人痛心啊！当保险代理公司遭到意想不到的重创时，他再一次想到了直销，当他偶尔得知绿之韵健康科技事业，于是他和副总殷晓静一起南下，参加公司招商会，并跟公司各级领导交流，深入了解了公司、产品和运营模式。最终下定决心，全力以赴与绿之韵健康科技携手合作。果不其然，很快他所带领的仁和无极系统就做到公司的第一名。他告诉伙伴们：跟着他在这里，努力打拼三五年，一定能成就自我、实现梦想！

他是在公司运作一周年六个月以后才加盟绿之韵健康科技的，短短的一年之后，在一次销售业绩大比拼中获得第一名，整个公司前十名中，他们仁和无极系统团队伙伴就有7个人。在公司三周年庆典大会上，唯有他和直接推荐的伙伴殷晓静两个人真正做到了获得豪车大奖的资格。在公司第一批获得豪宅大奖的九个人中，他们仁和无极系统占了7个人。他不但自己获得了意想不到的财富，而且还帮助许多跟随他自主创业的伙伴成为百万富翁、千万富翁。每当在一次次的表彰大会上看到一个个伙伴因为获得大奖而喜上眉梢的时候，他自豪、他欣慰、他更感到人生的价值与责任。

回头看看走过的路，心中升起无限的感慨，情不自禁地感到心中一阵阵地酸楚，自从事直销以来，没有人帮他沟通一个人，没有人帮他带过一个人，没有人帮他送过货、没有人为他举办过任何会议，所有的花销、支出都是他自理的。每当看到其他系统的伙伴都有业务指导关怀、照顾，或者有公司领导的悉心呵护，他心里感到特别凄凉、孤独。但他知道，今天他在是自主创业，他不是为哪个人在做，完全是为了实现他自己的夙愿，他就是老板，他就是主人！

直销的社会责任

二十多年的直销生涯,让他真正体会到了有钱有闲的生活,财务自由,随心所欲。不但自己获得了财富,同时通过直销这个行业,通过绿之韵健康科技的平台,帮助到了很多有理想、有抱负的人达成了自己的目标。团队越来越大,对他的要求也越来越高,满足现状,不思进取,就会被时代所抛弃。所以,他从不放弃任何一个提升自我的学习机会,而能力的提升,必定带来市场的壮大,业绩的增长。如今,他们系统的总业绩一直领先于整个公司,并始终占有绝大多数的份额。

2012年4月,他随公司董事长到四川偏远的山区支助贫困的学生读书,从小学直到大学毕业,每年的生活费都有他的支助。

在直销行业里,有很多人的经济条件确实很不好,当看懂了这个行业的时候,他们便立下心志,努力打拼三五年,成就自我实现梦想。但是前期的学习费、交通费以及不可缺少的应酬费开始往往会使很多人难以承受。为了能帮扶更多的系统伙伴战胜重重困难,特别是能用钱就可以解决的问题,他都会给予最大的帮助。系统的一位伙伴张亮,刚刚起步时,是他的朋友给他申请的会员卡,又是他朋友给了他几百元的生活费。当他决心在绿之韵健康科技大干一番事业的时候,王敬民和另一位系统领导人殷晓静就密切关注着这个有梦想的年轻人。当得知他的生活费毫无着落,为了能让他尽快摆脱困境，他和殷晓静积极配合张亮团队的招商会、培训会。连续两场招商会和培训会，就把他的市场烘托起来了，他市场拓展到哪里，王敬民就出现在哪里，从此张亮团队业绩蒸蒸日上，不到三年时间获得了车房大奖，并荣升一站董事。

几年里，凡是跟随王敬民一起下市场的伙伴，几乎都是他在买单，吃饭、住宿、甚至车票他也会帮伙伴购买，他从不让伙伴为他花钱做什么。但伙伴们只要有困难他都会积极想办法予以解决。如今，王敬民赚到钱了，他最希望感谢的是所有跟随他的每一个合作伙伴，没有大家的努力，就没有王敬民的成功。

王敬民把伙伴看得比自己的女儿还亲，因为女儿也没有在他自主创业中贡献一丝力量，而伙伴们是他的有生力量，他感恩于伙伴，甘愿把他的所得奉献给伙伴们，帮扶伙伴们获得自主创业的成功。只有大家的成功，才会让他最快乐，最有成就感！

直销趋势大好

王敬民作为国务院发改委直销课题组特聘调研员，从1992年初次接触直销开始，他几乎伴随着中国直销行业的起步发展到如今，他身上有着无数的光环，被誉为直销行业的传奇。如今，在同事朋友都已经颐养天年的时候，他依然选择不断进取，勇往直前。

在从事直销的初期,他一直与知名外资直销公司合作,先后走过雅芳、安利、仙妮蕾德、如新等,并在不同的平台上都取得了好的业绩,同时也从这些公司身上学到了正统的直销理念并逐渐形成了自己的一套直销经营理论体系。

在与外资直企的合作中,他也深切的感受到国内保健品市场被外资保健品企业蚕食的现状。为传承与发扬中草药保健这一优秀中华民族国粹,于2004年11月,他注资一千万成立河南无极保健品有限公司,出任董事长兼总经理。让他有了更高的平台实践他为中国保健品行业收复失地而尽心竭力的夙愿。

2007年7月,他抱着一定要做中国民族的中草药保健事业这一决心,正式与绿之韵健康科技这样的优秀民族企业携手并肩,创立仁和无极系统。作为绿之韵健康科技的销售冠军、仁和无极团队领导人,他取得了无数骄人成绩。仁和无极系统成员现已达几十万人,销售业绩更是屡创新高,公司百分之七十左右的业绩属于他带领的团队。他与绿之韵健康科技共同经历了艰难坎坷,如今迎来了无限光明的新时机,面对未来,他和团队伙伴们都充满信心!借用习总书记的话,"中国梦归根到底是人民的梦,必须紧紧依靠人民来实现。"这正是仁和无极系统的直销梦。

二十余年的直销发展历程跌宕起伏,到今天终于呈现出逐渐清晰的健康发展趋势。作为直销课题组特聘调研员,王敬民认为直销是中国改革开放的产物，在市场经济下直销的自由模式和平等精神对中国老百姓是有吸引力的。在中国进入深化改革的 2.0 时代，一个新的升级版本的经济时代已经来临，直销所遇到的阶段性的问题也会迎刃而解。

正如王敬民所说，今天很多企业纷纷转型直销，政府对直销牌照的发放速度愈发加快，直销从业人员快速增长，各个系统团队争相斗艳，随之而来的必定是激烈的市场竞争。在王敬民看来，不管市场如何变幻，直销人要坚守行业的本源，做阳光直销、健康直销、快乐直销的倡导者和传播者。

共创民族大业

"成功不是本能而是自觉。一般人只是为了生存或让日子过得好而努力。日子过得好不是真正的成功，成功者的目标应该更伟大、更崇高，仅仅为了一己私利者就不要奢谈成功。成功者应该尽自己之所能去服务于众人，且不图有所回报。"王敬民就是这样一位领导人。伴随直销成长让他看到了这个行业的跌宕起伏，自己也尝尽了酸甜苦辣，但他无怨无悔，决心要为民族品牌奋战到底！

加盟绿之韵健康科技之后，他们系统的总体业绩一直处于领头羊的位置，短短一年时间获得豪车大奖。在他的带领下，销售业绩不断攀升，创下一个又一个佳绩。他不仅是一位有责任的成功人士，更是一位慈祥有爱心的领袖，他一直资助贫困山区的学生读书,从小学一直到大学毕业,每年的生活费都由他来资助。他非常感谢每一位伙伴的一路跟随,没有这些志同道合的伙伴们,就没有他今天的成功。

如今已过六旬的他,本应该安享晚年,但他依然大胆抒写自己人生的价值,把握时代的脉搏,认真学习、领会、贯彻李克强总理在政府工作报告中提出的"互联网+"的理念,带领系统伙伴迅速走进微时代,充分利用移动互联网时代的有效工具,为伙伴们搭建一个真正可复制的自主创业平台,走出老旧的直销运作模式,开辟出一条轻松的创业成功之路。

利用微营销的先进工具和行销手段,利用快鱼战略,急速扩展市场,扩大战果,打造中国直销王牌系统,创造数以亿计的绝佳业绩。王敬民认为直销是中国改革开放的产物,在市场经济下直销的自由模式和平等精神对中国老百姓是有吸引力的。在中国进入深化改革的时代,一个新的升级版本的经济时代已经来临,直销所遇到的阶段性的问题也会迎刃而解。

对于未来的直销之路,王敬民也做好了充分的战略,他要沿着微时代的步伐带领团队前进,在未来的5-10年,他将带领仁和无极系统的全体家人,以绿之韵的水文化、家文化以及厚德领先文化为指导核心,以其大无外、其小无内的仁和无极文化,打造出一支有助、有爱、有梦想、有成就的巅峰团队,让更多有梦想的人跟随仁和无极系统共创民族直销大业!

张艺凡：企业家直销领袖的一线之隔

民营企业家
康尔生物工程有限公司市场总监
无己上善系统创始人之一
拥有丰富的产品运作和团队管理经验
曾荣获"2015年度最受尊敬的直销领袖"
"2015年度博鳌直销论坛荣获金牌讲师"及"全国最佳营销人"等荣誉

他曾是多年传统行业的企业家，2005年投身备受争议的直销界。

他是历经十余年直销风雨的市场领导人，也是公司运营管理的掌舵人之一，曾经被业界媒体评为行业最佳劳动模范，十余年他一直保持对直销热情不减地扎根在市场一线，和伙伴们共进退，同成长。他就是无己上善系统创始人之一张艺凡。

在张艺凡身上有诸多光环，他是创业领袖，也是激情讲师，也曾是知名直销公司的职业经理人。站过无数次舞台聚光灯下的他，并无显赫背景。他出生于北方的农村，也曾是农家子弟中再普通不过的一个孩子。

纵观张艺凡的人生履历，他从农村考上大学，再到拥有自己的传统公司的企业家，再到万人团队的领袖，每一次跨越都是一次思想性的解放。

出生农村的一代领袖

1971年，张艺凡出生于山东济南一个农村家庭，为了走出农村，从小便立志要比别人更加努力的他，1993年，大学毕业后的张艺凡被分到中国的卫星发射基地，甘肃酒泉卫星发射中心当工程师。大学毕业后，他用两年的时间，实现了从一名实习生到高级工程师再到公司老板的转变。

张艺凡的传统生意走得顺风顺水，在传统创业的路上虽然没有历经大起大落，但是生活平静而富足。

2005年，随着直销条例的颁布，敏锐的直觉让他很快意识到，这个时代衡量英雄、界定偶像的标准变了。他在商务部官方网站开始寻找企业，最终选定一家公司开启了他长达12年还要继续的直销旅程。他相信传统创业能让他生活富足，那么直销创业，才能让他实现更大的价值。

企业家于直销领袖的一线之隔

在十二年以前，张艺凡是一位传统企业家，十二年后，他成为了直销界的优秀领袖。十二年来张艺凡一直沉浸在直销行业，从未离开过一天。十年风雨路，摸爬滚打锻造了今天经验丰富、战绩赫赫的张艺凡，他有着丰富的产品运作和团队管理经验，也让他获得了传统行业从未获得了财富与荣誉。也完美实现了从一张直销白纸到高级经销商再上市场运营总裁的三级跳。

他用"专业、坚定、远见"的精神，为新一代直销人树立了标杆；也用当下最稀缺的三种精神"使命、执着、梦想"为更多的直销新人做出了榜样。

回想自己这些年来的历程，千万次的努力也比不上一次正确的抉择，张艺凡用自身的一个经历告诉我们唯有敢于坚持，才能乘风破浪，舰船才能到达成功的彼岸。他成功的光环向世人展示了自己"社会之路、地位之路、成功之路和个人自由的道路"的不凡。

热爱这个行业已经远远不足以形容他。如果企业家是为了赚钱，那现在的张艺凡，除了赚钱的同时，他更热衷于向社会传播健康、向社会输送人才，打造自己的系统产业链。

在十二年的行业经历中，张艺凡经历过多家直销公司，培养了成千上万的优秀精英。在他所打造的系统核心，个个都是直销业的栋梁之才。就如他自己所说的，对于一个并不差钱的人来说，在这个行业培养人才，带领更多的人走进这个行业，得到健康和财富，这才是一个企业家和直销领袖的最大差别。

永续学习才能永续经营

作为直销行业的老将，张艺凡非常清楚这个行业的发展核心在哪里,那就是培训和学习。

现在很多企业都在讲究学习,很多直销公司都在提倡学习。然而学习什么?学习公司?学习产品?学习制度或者是学习如何成功就可以了吗?张艺凡再三强调"永续经营"理念和积极响应"终身学习"运动,就是因为在直销业发展过程中暴露出了许多值得"学习"的教训。那么在直销里学习的目的又是什么呢?在他看来包括:

目的一:演讲家。因为直销的发展要靠不断地说,不断地讲。对一个人讲叫推销,而对一群人讲就叫演讲了。时间越长演讲能力越强,试看直销系统里优秀的领导人大多数是个优秀的讲师。

目的二:企业家。直销实际就是网络营销,当团队顺利发展时,有些团队规模很大,大到比一般的中小企业人员还要多,而直销团队又没办法用硬性的制度和指标去规范和管理,团队内部的管理和工作安排都需要直销商不断提升自身的能力。这正是企业家的典范。

目的三:心理学家。直销里不论是销售还是寻找团队伙伴,都是要跟人打交道,要揣摩每个人的心理,要找到需求点,时间长了就成了心理学家,在市场开拓中就能得心应手。

目的四:社会活动家。因为直销商的直销团队往往分布的很广,这就要求直销商实行走动式管理,走的地方多了,认识的朋友也多了,业绩也增加了,收入也提高了,知名度也有了。

这些就是典型的社会活动家的写照。

培训是直销的灵魂，虽然如今各行各业开始重视培训，但没有一家企业像直销一样把训练作为日常运作的一部分。直销环境已经到了百花齐放的时代，甚至略带浮躁的环境让一些人无所适从，作为系统领导人，更需要通过不断的探索和学习，接触外界的新信息，才能将系统引领到一个新的高度。

一个系统的长久、稳定、向上的发展，终究归于强大的培训体系和系统学习，才能培养出一批专业、踏实的人才，才能打造出一批真正干好直销的栋梁之才。

平台的选择决定直销道路能走多远

随着直销行业的变革和发展，给直销行业从业者带来契机和希望。随着中国直销行业蓬勃发展的趋势，吸引了越来越多的传统企业老板加入到直销的队伍中，也有更多的草根屌丝希望通过这个平台来改变自己的命运。张艺凡认为，选择一个好的平台直接决定你在直销路上能走多远。

目前直销行业的大趋势是非常明朗的，国家在规范直销行业的法律法规方面做出了很大的努力，也有一大批具备使命感和社会责任感的公司一直在努力坚守直销道德的底线。同时，另一方面还是有一些浮躁、炒作的公司，大肆宣扬直销暴富，从而影响整个行业的健康发展，导致社会大众对整个直销行业的误解。张艺凡认为，做事的初衷和目的很重要，直销的根本还是在销售大众需要的高品质产品。如果一家公司的目的不是销售产品，而是一味的鼓吹奖励制度，那么这家公司就一定有炒作的嫌疑。因此，直销的从业人员还是要坚守通过人与人之间的相互分享，建立一个能够重复消费的管道，来实现最终盈利的目的。鉴于此，张艺凡对于直销新人也给出自己的建议，其实天上永远不会掉馅饼，经济社会永远没有免费的午餐，所以直销新人在选择公司的时候一定要保持理性。只有合法有序、健康经营，才能保证直销商的事业长青。

摈弃浮躁，正本清源

《大学》开宗明义：大学之道，在明明德，在亲民，在止于至善，知止而后有定，定而后能静，静而后能安，安而后能虑，虑而后能得。"停下来，思考才是进步的本质。"面对直销十几年来的发展，张艺凡也有着独特的见解。回首直销发展史，从上世纪80年代的引进，到90年代的摸索成长，到20世纪的规范运作，再到今天的腾飞发展，直销行业可谓是势如破竹，发展之迅猛。从事直销行业的精英也如雨后春笋般的涌现出来，更是群雄辈出。张艺凡认为，在这样的发展趋势和大好环境下，还希望政府应该对行业的监管越来越规范，从业人员更应该越来越专业，只有专业才能更好的带动推动行业的发展。直销事业不仅是个投资小潜力大，还通过自身和团队的努力而获得收益的行业，更是一个通过学习成长而提高个人素质的平台。

随着近段时间以来行业的变化，整个直销行业似乎呈现了浮躁的氛围。此时他更希望呼吁从事直销行业的专业人士，从自身做起，来传播行业的正心正念，去影响和启迪一些进入行业比较晚的新人，更不要以造梦，夸大其词，去误导别人，让直销行业的名声再次陷入"危险地带"。

对于企业而言，尤其是作为企业高管，更要以专业的管理水平，长远的战略眼光，去辅助企业和带领团队走向正规的直销正路，响应政府号召，服从政府监管，让企业稳定长久地发展，让直销员做好复制带动，从而达到双赢，进而形成和谐团结的直销业态，让直销业在中国越来越规范越来越健康，从而达到为直销"正名"的效果。

资金盘不长久

2016 年他纵观直企，业绩欠佳，或多或少都受到资金盘的影响。加上传销屡禁不止，许多人一入此门深似海，从此便是陌路人。多少妻离子散，多少家破人亡，它的危害极大，蔓延极广，而且有愈演愈烈之势。再加上股市如泥足深陷，跌跌不休，房市虚高，投资也不好选择，大家苦无投资渠道，通胀在前，而我们在后，始终无力追逐，大家都想保值，须知人性都是趋利避害的，所以资金盘在中国势成水火，越浇越旺。

所谓资金盘打着低投入、高回报、利用人性的贪婪来作恶，它的本质就是一场庞氏骗局。庞氏骗局实质是将后一轮投资者的投资作为投资收益支付给前一轮的投资者，以此类推，使卷入的人和资金越来越多，一旦后人无法支付前人的利息，整个局面也就崩了，也就是所谓的击鼓传花。如今市面上的资金盘无非两种运营模式：以大搏小（大投入搏小收入）、以长搏高（长期投入搏高额回报），经营目的是为套钱，当然其中必有少数人会获利，多数人血本无归，这便就是典型的庞氏骗局。

随着2017年下半年，国家开始对社会上一系列违规操作的传销企业进行了严厉的打击。这对于直销来说，无疑是一个好现象，这也说明了直销是被扶持的，传销是被打击的。

这恰恰证明了张艺凡的看法，资金盘大部分不长久，对直销影响只是一时的，在不久的将来，资金盘不会再猖狂，国家也必将陆续出台很多的相关规范的政策，让资金盘无路可走。现在直销人需要坚守的，是心定位，不浮躁，不要去想一夜暴富，要脚踏实地，让直线正本清源，要坚持以产品为基础，以健康为核心，做好大健康产业而努力。

目前的直销行业，已经迎来了她的春天。张艺凡希望可以有更多的朋友加入这个行业，对整个行业施加一些积极的影响力。共同打造直销界的一片净土，把这个行业做成真正让人尊敬的行业。

张海彬：产品为根 正本清源

明道系统创始人
国际注册职业培训师
内蒙古汇创生物科技有限公司董事长
2015最受尊敬的直销总裁
荣获"分享经济实践派代表人物"
称号
荣获"2016最具追随价值的直销领袖"荣誉

张海彬是直销行业不可多得的一位"营销奇才"，十六年的行业经验，曾任多家中外知名企业总经理及项目负责人，特别是在营销策划及市场开拓领域卓有建树。曾在国内跨国营销企业带领数万人团队创造惊人业绩。

自2001年以来，他一直致力于营销行业的研究和实践，通过十几年的积累和创新，形成了一整套系列化、科学化的营销理论思想及操作方法。他的创业历程一直被业内传为佳话，它的系统建设模式也成为大家广为复制的实践宝典。他自创的《MAB倍增业绩国际课程》、《21世纪的赢家战略》、《财富行销》等顶级影响力创新课程，为企事业单位、联通、电信等多家公司培训达1000余场，被企业经理人及营销团队的领袖誉为成人教育金牌讲师、营销界超级教练、企业管理专家及咨询顾问。

产品为导向

从 2001 年进入这个行业到现在，在直销行业摸爬滚打历练已经有 16 年了，他从内心深处一直坚定一个明确的方向，就是始终坚持以产品为导向来做直销事业。夯实团队管理为基础，做好经销商和消费者的服务，提升服务品质，加大产品研发投入，健健康康，规范地去运营企业，这才是一个负责任的企业家心态。

在张海彬看来，直销作为适合老百姓创业的最好选择，确实存在行业自身的优势，但仍然有很多年轻人对直销一知半解。因此，直销行业更应该跟"互联网+"融合，借助老百姓易于接受的方式，尤其是年轻人易于接受的方式，吸引更多的高端人才和新鲜血液进入直销行业，让直销行业更加充满活力。

张海彬认为，直销行业为很多合作伙伴提供创业的机会和平台，面对无数伙伴的信任和选择，直销企业的高层应该以负责任的企业家心态去面对所有消费者和经营者，大家心怀"正念正行、正本清源"的决心，才能让直销行业得到全社会的尊重。本着这样的理念，张海彬创办了内蒙古汇创生物科技有限公司，希望借助这个平台实现他心中的直销理想。

汇创生物坐落于物华天宝、人杰地灵的科尔沁大草原，素有"草原明珠"之称的通辽市。公司成立于2014年11月，致力于开发、研制、生产及销售传统中草药健康产品，重视产品的高科技投入，公司产品通过了ISO9001：2000国际质量管理体系认证，并拥有两个QS认证QS370613011209和QS370607011210、《保健食品良好生产规范》（GMP）认证，生产设备与技术均达到国内领先水平。现已有两项保健食品专利，三项发明专利，有四个项目被列入科技项目计划。公司以弘扬中国健康养生文化，以帮助人们获得健康、幸福、快乐的和谐人生为使命，创造了独特的企业文化及独特的健康理念，坚持务实诚信，守法经营，业务持续发展，公司通过先进的健康理念、高品质健康产品和优质的服务，为人们缔造健康家庭，为百姓搭建最佳创业平台。

公司现已在全国全面推广建立销售公司产品渠道，立志在营销领域打造出"汇创生物"品牌，创建全国最具优势健康全程托管基地，真正让"汇创生物"的品牌闪闪发光，让人们生活更美好！

自汇创生物成立以来，以干细胞和改善糖尿病为主的两大系列产品一直深受广大消费者欢迎。在公司内部以及在各种公开场合，张海彬始终倡导"以产品为导向"的企业发展和营销理念。因此，汇创生物在产品研发和生产上的投入始终不遗余力，不断扩大产能，丰富产品系列，满足消费者的需求。

系统平台建设

在十六年的直销生涯中,从懵懵懂懂的市场新人,到激情四射的创业导师,从啸聚一方的团队领导人,到心怀天下的企业董事长,十六年的励精图治,十六年的开拓进取,成就了一位创业型企业家的丰满的人生。2015年11月2日,在第八届最受尊敬的直销企业年度评选颁奖典礼的现场,他获得行业年度至高荣誉"2015最受尊敬的直销总裁",面对记者的采访时他表示"企业家要以责任为先,以产品为导向,为消费者负责,打造稳健长久的百年企业,是我们的最终目标"。

张海彬对营销的悟性似乎与生俱来,因此自从进入职业生涯之初,他就开始致力于营销行业的研究和实践,通过十几年的积累和创新,形成了一整套系统化、科学化的营销理论及操作方法,并创建了明道商学院(系统)。明道商学院以共同创业,成就人生为信念,以明道文化为纽带,积极实践,促进明道文化品牌得到业界认同。他的创业历程一直被业内传为佳话,他的系统建设模式也成为业内广为复制的实践宝典。

多年来,在明道商学院(明道系统)的创办过程中,他坚持遵循事物发展的客观规律,积极参与行业内各企业市场营销,不断吸收各企业文化的长处,完善系统运作的各个环节流程,使其更适合市场发展的需求。尤其是在近年来,在中国直销研究院各位专家的指导下,明道商学院(明道系统)

在团队价值观、运作模式、操作方法、发展规划等多方面取得了突破性进展，形成了完整的明道系统运作模式和特色，使得商学院（系统）的文化品牌更加鲜明。

在明道系统的创办过程中，他坚持遵循事物发展的客观规律，积极参与行业内各企业市场营销，不断吸收各企业文化的长处，完善系统运作的各个环节流程，使其更适合市场发展的需求。尤其是在近年来，在中国直销研究院各位专家的指导下，明道系统在团队价值观、运作模式、操作方法、发展规划等多方面取得了突破性进展，形成了完整的明道系统运作模式和特色，使得明道系统的文化品牌更加鲜明。

前一段时期，他一直在思考和布局行业的平台战略，在现有的体制下，如何让明道系统直销行业走得更稳？是他必须要面对和解决的课题。因此，他广纳贤才，融合各方智慧和资源，共同打造开放、共享的事业平台，来承载所有合作伙伴的创业梦想，为相信明道系统的消费者打造一个国际化的消费创富舞台。

采访中，当记者问到"明道系统宏大战略和愿景的支撑点是什么？"时，张海彬表示："是市场给我足够的信心，是众多经销商和消费者给了我扛起这份责任的动力，明道系统已经在上路，我们也必定会勇往直前，为中国直销行业摸索出一条可持续发展之路。"

实业报国

从 2001 年进入直销行业到今天，一路摸爬滚打，最终创办了内蒙古汇创生物科技有限公司，虽然现在的汇创生物还很年轻，但在张海彬的带领下，已经初具规模，蓄势待发。

今天的张海彬已经出色地完成了角色的转换，实业报国是他的理想，因此他毅然走上了企业家之路。这是一条艰难的路，需要有足够的勇气和责任感，需要有创业精神和大局观。

在张海彬的经营理念中"健康、稳定、绿色发展"是直销行业发展的重中之重，因此，他最近这一时期，一直在思考和布局行业的平台战略，在现有的体制下，如何让直销行业走得更稳？是他必须要面对和解决的课题。因此，他广纳贤才，融合各方智慧和资源，共同打造开放、共享的事业平台，来承载所有合作伙伴的创业梦想，为相信明道系统的消费者打造一个国际化的消费创富舞台。

张海彬表示，未来的他将立足于中国直销行业，以弘扬中国健康养生文化，以帮助人们获得健康、幸福、快乐的和谐人生为使命，通过先进的健康理念、高品质健康产品和优质的服务，为广大消费者缔造健康家庭，为合作伙伴搭建最佳创业平台，为中国直销行业发展保驾护航。

2016 年——2020 年，是张海彬为汇创生物制定的第一个五年规划期。未来的五年是行业走向开放，互联网催生产业创新变革的历史机遇期，他希望用这五年的时间，夯实汇创生物的发展基础。从软硬件上都能够达到集团化、平台化的战略目标，有实力能承载所有合作伙伴的创业梦想，为相信汇创生物的消费者打造一个国际化的消费创富舞台。

在张海彬的带领下，汇创生物的第一个五年计划已经在有条不紊的展开。目前，他们已经拿到了全国加盟连锁的牌照，下一步将全力以赴申请直销牌照。同时，集办公、科研、生产、营销、观光考察于一体的总部基地项目已经启动，在五年内建成全国最具优势的健康全程托管基地。

张海彬表示，未来的汇创生物将立足通辽，以弘扬中国健康养生文化，以帮助人们获得健康、幸福、快乐的和谐人生为使命，通过先进的健康理念、高品质健康产品和优质的服务，为人们缔造健康家庭，为百姓搭建最佳创业平台。

邵章洪：天才领袖的崛起之路

隆力奇瀚盛国际系统创始人
《当代直销》杂志封面人物
浙江省淳安县十佳青年
中共党员，新长征突击手
上海瀚盛建筑安装工程有限公司总裁
以个人名义捐赠社会物资达 300 万元
荣获"2016 年度最受尊敬的直销领袖"荣誉
享有"直销天才"之美誉

这一年多以来，他始终以先行者和领跑者的姿态，见证并开拓瀚盛国际系统的直销事业，他所带领的团队始终保持着锐不可挡的发展态势，塑造了一个又一个的骄人战绩。他的身影曾经占据着《当代直销》媒体各大版面，成为牵动直销行业的重要人物。他就是直销天才新锐领袖、瀚盛系统创始人——邵章洪。

出生于农村，打拼上海滩

1964 年，邵章洪出生农村，从小天资聪慧，毅力过人，逻辑思维能力超群。自踏入学校的第一天起直至高中毕业，一直担任班长职位,学习成绩名列前茅。自小鹤立鸡群,经常在公众场合分享、演说,如此经历使得他从小就具备了极高的组织指挥能力和人格魅力。

自18岁高中毕业踏入社会后,学做木工六年,25岁自费就读于杭州半山建筑专科学校,而后从事建筑工程施工员、预算员工作。十年磨一剑,终于在29岁那年开始走上了建筑总承包之路,带领一众家乡子弟"穿着草鞋走出穷山沟,捋起袖子打拼上海滩"。饱经风霜,身先士卒,"苦其心志,劳其筋骨,饿其体肤,空乏其身"。事业渐入佳境,于是他创建了上海瀚盛建筑安装工程有限公司。

在建筑行业摸爬滚打的20多年时间里,邵章法经常带着黑板到施工现场与员工分享、交流,耐心地讲解:施工节点、分部分项的工程技术、操作规程和施工方案,深得员工敬佩与爱戴。二十余年间,发明创造、改良工程机具、机械及工艺流程达百余项。瀚盛建筑公司承建了上海"凌港城小区"、"瀚盛家园小区"、"金顺佳苑小区"、"鑫唐绿波廷小区"、"晴川佳苑小区"、"2010上海世界博览会指挥中心工程""浦东新区唐镇敬老院一、二期工程"、"浦东新区联动指挥中心工程""芜湖四褐山棚户改造小区"、"芜湖竹秀清苑小区"等建设工程项目,计130多万平米的建筑总承包业务,公司职员达数千名之多。为国家创收利税数亿元,得到上海市、芜湖市等地建设主管部门以及同行业精英的高度认可,获得了建筑事业的辉煌成就。同时,非常注重"又红又专"的技术人才的培养,利用一切可以学习的资源,使30余位员工带薪取得国家一、二级建造师资格及国家中高级技术职称。事业可谓风生水起、如日中天。

与此同时,瀚盛集团仍在经营建筑安装公司、物业管理公司、新能源公司等传统板块业务,建筑安装公司目前仍有数十万平方的建筑项目正在施工建设中;物业管理公司目前管理六个小区物业,近万户业主;新能源公司业务遍布全国各地。

天才领袖的崛起

时间不知不觉到了2015年,邵章洪以敏锐的360°视角,洞察国际国内的经济发展趋势,在当今国家"大众创业、万众创新"的新形势和"去库存、去产能"、"供给侧改革"的大背景下,响应国家号召,肩负社会重任,顺应时代潮流。通过积极探索,寻求一个适合普通大众的创业平台,于2016年5月,他花巨资成立了"隆力奇全球直销瀚盛国际系统"。

在传统行业,邵章洪坚持用"共勉、共进,和乐、和谐"、"至真、至淳,超越、超脱"的理念打造企业、经营事业,更是在十多年前就将大数据技术,分享、共享的理念植入企业管理。

从事直销事业以后,邵章洪运用30余年传统行业沉淀的管理经验,规避了原有直销行业的弊病,提出"直销平台传统做"的新理念,采用"系统帮扶、分组管理"的模式运作系统,追求共赢,并且通过全体合作伙伴全心全意地复制瀚盛国际的理念,使系统健康、稳步地发展。

瀚盛国际系统坚持"三个利益"原则,即:首先要满足绝大多数合作伙伴的利益,其次要满足公司发展的利益,最后才考虑个人的利益;公平、公开、公正、透明地分配全体合作伙伴的利益。

瀚盛国际系统倡导"至真至淳,超越超脱"的做人理念和"共勉、共进,和乐、和谐"的系统氛围,寻找有梦想、敢拼搏,具备"孝心、忠心、良心"的合作伙伴同行。主张"以作为求地位",即:"努力发挥你的作为,求得你的地位,肩负更大的责任、义务,争取最大的回报。"坚持走"管理就是管人,管人就是管心,管理的最高境界就是全民皆兵"的人性化管理道路,倡导"人生的最高境界乃淋漓尽致地发挥自己的才华,体现自身的人生价值"的工作态度,发扬"学会吃苦、学会吃亏、发挥智慧"的道德风尚,引领大家去体味"人生是一种付出,人生是一种磨练、人生更是一种积累"的坚韧不拔、积极向上的人生过程。惠利大众,培植精英,帮扶别人成就自己。打造瀚盛国际的个性航母,带领全体家人驶向健康、财富的彼岸!

传统与新营销路上的慈善家

他是成功企业家,也是伟大的慈善家。邵章洪在淋漓尽致地发挥自身才华而获得成功的同时，未忘初心，努力回馈社会：曾义务担任中共凤凰村党组书记八年，帮扶村民开创"新农村"建设，修桥补路、资助贫困学生和孤寡老人；援助汶川重建家园等，累计捐助善款300余万元。被评为浙江省淳安县"十佳外出创业青年"、并授予"新长征突击手"光荣称号。

为了从根本上解除合作伙伴的后顾之忧，推动直销事业的健康发展，邵章洪以超众的逻辑思维，敢于颠覆常规的直销套路，以独有的"瀚盛模式"帮扶所有的合作伙伴，不但把直销行业获得的奖金全部用于经营瀚盛国际系统，而且，自瀚盛国际系统成立以来，自掏腰包近千万元，为瀚盛国际系统全球的合作伙伴免费提供休闲式接待处、培训中心，免费承担来自全球合作伙伴们来隆力奇公司总部考察、学习的"吃、住、行"全部费用；成立"瀚盛国际系统商学院"，聘请直销界的高级人才，免费为合作伙伴们进行专业知识的培训。同时，为了减轻各团队开发市场的压力，邵章洪无偿地在全国各地开设了十余家"隆力奇瀚盛体验馆，"并经常性地亲临全国各地指导团队工作。正是有了"瀚盛国际"与众不同的理念和氛围，市场业绩拓展扎实稳健，目前系统的合作伙伴已近万人，并且培植出多位奔驰大奖得主、多位星级董事、全国总监、区域总监及高级经理等优秀经销商。在第七届中国直销文化论坛暨第九届（2016）最受尊敬的直销企业年度评奖颁奖典礼上，他所领导的"瀚盛国际系统"以锐不可挡之势，凭借不菲的业绩，荣获"2016年度中国最受尊敬直销系统"桂冠。

在瀚盛国际系统荣获众多荣誉的同时，邵章洪荣升为尊贵的"隆力奇全球直销二星董事"，肩负"隆力奇全球直销联盟委员会常委委员"重任。

先有高瞻远瞩，才有战略格局

不管是传统产业的成功，还是直销行业的蜕变，邵章洪始终以先行者的姿态，在率领他的人马一路前行。从小的班干部小领导，再到上千员工的成功企业家，再到万人团队的领袖，练就他那无所不包的胸怀以及高瞻远瞩的格局。

在邵章洪看来，一个领袖，需要对整个局势、态势的理解和把握。作为一个领导人，必须对事业所处的位置（时间、空间）以及对未来的认知必须具有前瞻性，否则就不是一个合格的领导人。有伟人说过：坐在指挥台上，只看见地平线上已经出现的普遍的东西，那不叫领导；当桅杆顶刚露出的时候，就能看出这是要发展成为大量的普遍的东西，并能掌握它，这才叫领导。

并且，邵章洪也一直以他独有的胸怀和格局，在运作他的瀚盛国际。什么样的格局具备什么样的竞争力，没有竞争力就没有动力，瀚盛国际系统"帮扶模式"具备最强大的竞争力。

正当邵章洪带着传统行业的成功光环华丽转身，加入隆力奇直销平台的时候,我们有理由相信"天才领袖"将开启人生事业更绚丽的篇章,带领隆力奇瀚盛国际系统的合作伙伴们,让健康、财富的梦想变成现实!

邵章洪励志前行永不言败,他敢于开拓创新,充满智慧而富有胆量,相信在隆力奇强大平台的支持下,他一定带领着伙伴不断的劈风斩浪创造行业内的奇迹,相信未来的中国直销行业定会郑重的写下瀚盛国际系统重要的一笔。

常艳：做行业榜样，树女性标杆

众诚系统创始人
北方大陆黄钻领导人
18年行业实战经验
曾荣获行业诸多荣誉

1999年，刚刚大学毕业的常艳，投身备受争议的直销界。18年的行业经验 让常艳成为直销行业的先锋女性。她用"专业、坚定、远见"的精神，为新一代直销人树立了直销女性的标杆；解读她的从业经历，她用当下最稀缺的三种精神"使命、孝和、大爱"为更多的直销新人做出了榜样。她曾经在外资企业做过6年，也在国内直销企业从事多年。18余年的丰富经验，也让她成为了这个行业难得的女性领袖。

如今，她眼光独到，高瞻远瞩，于桃李之年便投身直销浪潮；她巾帼不让须眉，在北方大陆的大平台下，带领团队、创办系统手到擒来；她是团队梦想的缔造者，为无数事业伙伴搭建梦想平台。

她是常艳，众诚系统的创办人之一，是直销浪头的弄潮儿，她以女性的细腻与坚毅，带领着众诚系统劈风斩浪，勇立潮头！

东北女学生到行业领袖的蜕变

常艳是土生土长的黑龙江人，1999年大学毕业后，没有上过一天班的她，因为一个偶然的缘故加入了直销，从此踏上直销这条道路一直走到今天。她把最好的青春都奉献给了直销事业。

从安利、到完美、再过内资企业，从当初的初出茅庐的女孩，到如今充满智慧的魅力领袖，回首18年的直销之路让常艳满怀激情，并带着创造财富的梦想，其中有艰辛、有困惑、有失落，而最重要的是坚持，"所有的梦想都只有在坚持中才能得到实现。回过头去想一想，当时的那种困境和失败的教训都不值一提。"常艳说。

初到北方大陆，她单枪匹马，一无所有，因为董事长的一句，"把经销商当成眼睛去爱护"而感动。产品讲解、团队组建、队伍培训，她驾轻就熟，很快在北方大陆拉开了事业的大旗。

多年的外企直销生涯，让她学到了直销精髓，也沉淀了最为宝贵的直销经验。因为一句挺起民族直销脊梁，她离开外资企业，开始转入国内直销企业。

2011年，是极不平凡的年份，她凭借着多年对市场的敏锐和经验，被北方大陆"构建全球健康排毒生态系统，让健康智慧惠及每个人"的企业理念深深吸引。

从 2012 年初加盟北方大陆，到 2015 年 8 月正式成立众诚系统，再到 2017 年众诚系统两周年庆典，众诚系统从无到有，从曾经的薄弱到现在的强大，她凭借着在直销行业 18 年的经验和努力，为众诚系统开创了一条永续发展的财富通道。

两年的时间，常艳用自己丰富的直销经验和对行业的把握，成立了自己的商学院。团队在全国各地有条不紊地发展，众诚系统也发展成了北方大陆中的王牌系统。

管理就是服务，以身作则就是榜样

欲成大事者，必先有远大的理想，伟大的人物并不会比一般人多出三头六臂，只是内心多出了一份理想而已。

以淡定从容的态度面对人生，常艳的身上就散发着这般境界。众诚系统发展至今，在责任和使命的驱使下，常艳一直没有松懈过。从她的言谈举止中，深深地感受到她对系统不遗余力的付出。她经常忙碌到深夜，第二天的工作也是排得满满的，但她的脸上从未出现一丝的倦容，在独特气质的映衬下，每每见到她总能让人眼前一亮。

就是这样一位优秀的女性领导人，在采访中却非常谦虚。在管理上，"己所不欲勿施于人"，常艳认为只有以身作则去影响大家才有说服力，系统的一切出发点都是以伙伴的利益为先。只有系统的每个伙伴都做好了自己的事情，才能带动整个系统的发展，因此也能推动企业走向辉煌，同时也能够为规范直销行业的大环境做出贡献。

常艳与大多数直销人一样，也许佛学赋予她超前的分析力和洞察市场的预知力。在团队发展壮大时，常艳开始从管理团队下手，将服务团队作为第一要务去抓。在常艳看来，做管理就是做服务。当然，服务不能挂在嘴上，要实实在在体现在行动上。"要急团队所急，想团队所想。"对于新人，她总是耐心地指导；对于正在成长的伙伴，在事业上关心他们，在生活中呵护备至；对于团队骨干，在大方向给予指导，无论伙伴们有什么困难或烦恼，她都是时时在意，处处关心，以独有的温润关爱伙伴，指引方向。

孝悌中国，众诚天下

尊老爱幼，孝敬父母是之为孝，孝道是我国儒家文化的核心理念。百行孝为先，天地之性，人为贵；人之行，莫大于孝。尧舜圣人之德，无非孝悌而已矣。古人崇信《孝经》，身体力行，移孝作忠，爱敬一切。孝悌作为一切仁义道德的根本，得到世人的广泛认同与贱履，也是众城文化的核心。

众诚系统的领导人都与佛有缘，他们仿佛是前世结缘，今生集聚在一起，形成了独有的众诚文化，以"孝悌"为重。佛曰："感念父母，念及三世父母；普度众生，普及六道众生。"

这一种无私的大爱，以孝为始，以悌次之，然后以发心渡人。因此众诚系统正是传承佛家的古韵，将之继承，发展，壮大，在传承中兼包并蓄，成为孝悌的集大成者。也让众诚系统声名鹊起，伙伴们像一家人一样，在系统中独树一帜，成为一种榜样，一种传承，一种信仰。

就在与记者采访中，常艳正赶在去看望天津伙伴的路上，因为中秋节就快到了。就是这样一个把孝悌、大爱放到自己每天行程中的领袖，她说，众诚系统的文化，是大家一起做一件事情的时候共享的一种热情。文化，才是能传承100年的东西，就像所有那些存在了一百年的公司一样。文化，是所有未来创新的基石，如果你丢失了文化，系统无异于一盘散沙，毫无作为。

为什么文化对一个系统来说如此重要？在常艳看来，文化越强大，系统需要花费在沟通协作上的成本就越少，效率也越高。当文化足够强大，每个人能够被信任去做出正确的决定。人们开始变得独立自主并且自发驱动。他们将变得富有创业精神。而众诚系统的文化，结合了中国传统文化，孝悌本是中国文化的基础，古人云"百善孝为先"，这也是人性的一种光辉，她希望能将这种文化植入到众诚的每一个家人身上。

做行业的一股清流

在常艳看来，做直销是一场修行，过程充满了困难和坎坷，不断地遭受打击重聚信念。不可否认，时代赋予了这个行业特殊的魅力，同时也赋予了直销特殊的考验，直销在中国 27 年，目前只有两个条例在监管，而实际上中国直销庞大的亿万市场，资金盘猖獗，各处传销也层出不穷，直销立法已刻不容缓。近年来，发牌加速，直销行业的关于产品、模式、人才恶性竞争也愈加明显。整个行业都比较浮躁，在这种背景下，很多企业和团队为了追求快速发展，甚至"不择手段"诋毁他人，很多优秀的直销领袖都在承受网络攻击，各家企业的互相诋毁更是让直销的名声雪上加霜。

很多团队内普遍存在恶性竞争，如每个企业都有一些成熟的直销团队领袖，但不少企业出高价"挖墙脚"，导致整个团队分崩离析，对原来的企业也造成了重大伤害。相互诋毁，甚至系统内部竞争恶劣屡屡不绝，这不仅破坏了直销的名声，还失去了准则。

在她看来，直销在中国的市场份额很小，还存在很大的空间。平台就如一块蛋糕，你有多大能力就分多少蛋糕。常艳和其他同行既是竞争对手又是朋友。她说："市场只有共融，直销的平台那么大，谁都能容下，关键在于心态，同行没有冤家，只有彼此取长补短，你有你的优势，我有我的优势，市场很大。"

除了系统内团结如一家人，对于外界还是对内部，不管是强劲的对手，还是刚起步的团队，不管是内资企业还是外企，他们都给予同等的尊重；尊重他人，就是在尊重自己，也是在尊重这个行业。伤疤被揭开，就越让人痛心。常艳作为众诚系统的最高领导人，她希望以身作则，率领众诚系统做行业的一股清流，永远向正能量看齐。

对于未来，她没有过多的豪言壮语，在她看来，"未来就像一张白纸，需要重新规划，怎么去营销、去带团队都会有一个理想的想法。但说目标定多远，那都不切实际。因为，市场变化太大，谁都不能预测，做系统不是光凭说，行动才是关键。但可以肯定的是，现在的成绩是后面积发的基础。"

2017年，众诚系统再次发力，常艳刚刚带着一帮领导人从泰国回来，完成了众诚系统在泰国举行的两周年旅游庆典。常艳坦言，未来她将要带领系统更加稳健的发展，不负众望，让众诚系统这个事业平台成就更多有梦想的人。

做行业标杆，树女性榜样。她相信不久的未来，会有更多的人加入北方大陆，在这个平台上获得健康和财富。我们有理由相信，众诚系统在常艳的带领下，一定会在中国直销事业的浪潮中，散发光芒。

罗丛影：横眉冷对千夫指，俯首甘为孺子牛

金木同源博爱 A 系统的创始人之一
金木慈善基金会监事
曾荣获博鳌最具影响力系统领袖奖

他怀着横眉冷对千夫指，俯首甘为孺子牛的无私大爱，对直销之外心无旁骛，不为所动。他深爱直销，从此扎根于直销沃土中，吸收养分，无视风雨，以自己独有的专注和情怀关注直销动态，先天下之忧而忧，后天下之乐而乐是对他最好的诠释，他就是罗丛影。

如山厚重，如水坚韧

与他接触，笔挺的坐姿，温厚的笑容，一种深入人心纯粹而无杂质的亲切和质朴。对于外界的喧嚣，他始终不为所动，而是用温厚的笑容回应一切。他觉得做好自己就够了，无需介怀。高大伟岸的身影，如山一样厚重古朴，无论你在或不在，

他始终如一。不紧不慢中透露出一种态度,中国传统士大夫忧国忧民的态度。

回顾罗丛影的人生历程,我们便不难发现,这是一位胸怀抱负,不甘于此的璞玉,虽屡经磨难,却也不畏寒暑,无视泥泞,凭着传统行业的沉淀和对直销的热爱,使他对直销的觉悟异于常人,似能拨开迷雾见本真。他多年的坚守和付出终于绽放光芒,如霞光万道,温暖人间。

1990年毕业后,年轻的罗丛影独自闯荡社会,经东历西,走南闯北。先后从事过批发、个体运输、养殖业等生意,也曾在大型企业做过高管,尝遍人生的酸甜苦辣,但他始终不忘初心以诚待人,以信服人。由于他的诚信赢得了周围人的赏识,化解了不少挫折和苦难,也收获了无数贵人。多年的传统历练,他从中感悟到了许多,能力越大,责任越大,也为以后的成功做了铺垫。从平凡到不凡,这又是一个人生转折。

他的人生格言是"永远把帮助别人放在第一位。"多年传统生意的摸爬滚打,使罗丛影深刻的意识到,若想帮助别人,恐怕在传统生意里很难实现,传统生意讲究的是利益和竞争,耗费大量的时间和精力却换不来自己想要的。

偶然的一次接触直销,在罗丛影看来,直销其实就是一个销售模式的改变,聚焦中国目前的发展态势,迎合当前社会的发展模式,符合大众销售的模式,是高效率的一种突破和变革,直销它势在必行。2008年全球金融危机,全世界各个行业因金融危机而遭受重大的挫折,唯有直销行业没有受到这方面的大影响,业绩反而螺旋线上升,这充分说明了直销行业在中国是大有可为的。

洞察先机的他在2009年义无反顾地加入直销,用了将近九年的时间,在探索中总结,在总结中完善,在完善中突变,在突变中创新,快速地掌握了直销的精髓。于2011年他走进金木集团,凭着诚信和真诚以及多年的直销实战经验,以"博爱天下"为中心,以"汇众爱心长城,以人们生活富裕,身体健康长寿为已任"作为使命,以"永远帮助别人"为价值观,创立了独树一帜的"博爱汇众"体系。

罗丛影在与记者的交谈中,一再提及金木要做百年企业,它的企图心无与伦比,它的未来更是光明璀璨。"我从商多年,没有哪一个事业像金木的事业这般投资少,低风险,却能得到高回报;金木集团是一家真正的返璞归真的企业,它是一家极为悠久的中药行业,产品纯天然萃取,质量值得信赖;董事长高瞻远瞩的大格局,既要做百年企业,又要基业长青,他的引航能让我们到达成功彼岸以及优秀的系统,如果没有优秀的系统,市场运作缓慢,成功自然也极为不易"。此外,直销的团队氛围也是罗丛影喜欢的,在金木他结交了很多志同道合的朋友,这与传统生意里存在的尔虞我诈背道而行。他希望跟这样的一群人去践行自己的使命,帮助更多的人实现梦想。

文化为魂

罗丛影觉得其实做直销就是做文化,如果一个系统,一个体系没有文化,那是悲哀的,无异于迷失方向,系统或者体系也就不可能发展、壮大。所以文化是根,文化是魂,脱离文化做直销,那是耍流氓。

体系文化需要倡导的,这是有温度的。体系实际上卖的不是产品,卖的是模式,梦想,文化,而汇众体系的文化是"上善若水,厚德载物",众所周知水善利万物而不争,处众人之所恶,故几于道。居善地,心善渊,与善仁,言善信,正善治,事善能,动善时。夫唯不争,故无尤。我们的体系文化似水坚韧,似土厚重,以无言包容一切,不争不辩,这是最适宜的。直销人也应如此。

那么,如何建立体系文化?他觉得就是把个人的精神转化为团队的精神,把个人的价值放大到团队的价值,把个人的信念推广为团队的信念。让团队成员传承相近或相同的价值观。当一种优秀的品格或行为能推动团队中每一位伙伴都复制执行时,就形成了一种习惯、形成了一种氛围,也就形成了一种体系文化。建立体系文化是推动团队发展最有效、最持久的方法。体系文化一旦形成,便会强烈地支配着团队成员的思想和行为。这样市场才有无限的上升空间。

很多体系培养的精英并不注重长远目标,只看眼前目标。所以很多直销人沦为直销难民。他觉得最大的原因是高级领导人不去沉淀，苦练内功，打造优良的生态循环，给别人提供优质的机遇，帮助他人成功，而是只为眼前利益，忙着招商会，忙着活动。这一点，他颇为痛心。所以他觉得未来有前景的公司和体系必然是以文化为核心的，众所周知直销业是倍增，而倍增的核心是文化，只有文化才能集聚人才，这样成功才会久远。不难看出体系领袖的德行也是至为关键的，只有人好了，事就自然而然地顺了。

在团队的管理上，罗丛影表示最好的管理是无为而治，不用管理就是最好的管理。作为榜样，要言传身教，不断地激励、不断地引领、不断地带动，从而让他们自发的行动，这种自上而下的激励、引领、带动，才会引爆市场，从而省时省力。罗丛影的同源博爱汇众体系人数一度达到了几万人，团队业绩实现一周达到百万以上。如今自己的团队成员遍布全国各地五湖四海，涉足辽宁、吉林、黑龙江、河北、安徽、广州、深圳、香港等地，团队还发展到泰国、韩国等国际市场。

以诚待人，以信服人

如今的直销如同春秋战国时期，群雄逐鹿，呈现出你方唱罢我登场，八仙过海，各显神通，问题却又层出不穷，凌乱繁杂。他认为国家政策虽然是好的，但是执行力不够，一些规则也不够详细。像"大众创业，万众创新"以及分享经济等。因为这是百姓低成本，高收益的机会，特别是在阶层固化后，这也是难得的上升通道。当然越来越多的直企加入直销后，有些企业利用法律的漏洞，游走于法律的边缘，这种似是而非的问题凸显出立法的滞后性，也凸显诚信缺失的严酷性。

那么为什么还有这么多人前仆后继扑向资金盘？大部分人未看懂，总想着一夜暴富；少部分看懂了，利用这些规则和漏洞，打造自己的财富王国，无视人性的善恶，泯灭尊严和道德。因此他在这里呼吁大家，以诚待人，以信服人，做一个有温度，有情怀的直销人。

在当下也就是我们必经的历程，这是一个发展的规律。你会发现这是一个诚信缺失的一个过程，也是一个阶段。很多人为了金钱不择手段，甚至以次充好，直销业也难以独善其身。那么如何把人做好呢？就是守德守信，如果没有道德，没有诚信，做任何事都是背道而驰的，一切也都是空谈。

他相信唯有诚信才能强大，唯有诚信才有凝聚力，这是放之四海而皆准的真理。如果说在整个当下直销业，其实不是企业跟企业的竞争，也不是产品跟产品的竞争，而是体系和体系的竞争，也就是诚信的竞争，体系精髓的竞争。如果体系不诚信，底下的经销商就不会跟你合作，因为体系主宰着经销商，体系是经销商的核心，体系诚信意味着能更好地传承直销的本质，按照正确的方法，合理的方式齐头并进。这样，直销行业才会健康稳定的发展，才会呈现百花齐放的盛世繁华。

"互联网+"的未来

他觉得互联网不仅仅是一个工具，也不仅仅是一个产业，而是是工业革命后一次重大的技术革命。互联网将快速颠覆众多的传统行业。互联网+实际上是互联网+X,X指各行各业，即工业化的各行各业，这并不是简单的两者相加，而是利用信息技术以及互联网平台，让互联网与传统行业进行深度融合，创造一种生态循环。

互联网+的起点，就在于任何一种商业行为能否上线。互联网时代，一个企业的业务流程是否在线，有多少环节在线，核心环节是否在线，决定了它的生存空间和发展前景。互联网+意味着在特定领域尽可能多把相关方连接在一起，打破企业的边界，进而实现全新的价值创造和分配，所以直销+互联网，未来有无限可能。

因此，他讲，传统产业需要因应互联网的大趋势，展开互联网化的转型。但是，即便诚如上述，我们也不要忘了，实体企业互联网化的过程，只不过是在实体企业的躯体里植入和溶化进了互联网的过程而已。实体企业还是实体企业，只不过变成了一种新型的实体企业。它们改变和提升了实体企业，在改变实体企业的同时，它们自己最终成为了一种实体企业的基本配置，而不是颠覆与替代掉了实体企业。

传统企业互联网化，是趋势，要积极面对，互联网对于传统实业而言，只是技术，只是工具，只是手段，而不是根本。罗丛影说："我们倡导实体企业要利用互联网技术进行转型，但我们反对将互联网和电商神话。在实体企业积极进行互联网化转型的前提下，中国传统企业唯有重视实业，回归产品，重新重视线下渠道，回归商业的基本面，才是永远颠扑不破的真理。"

理想中的互联网时代，那必然是整个生态圈所有物种共同竞合、协力演进的结果，是颠覆性创新者与全生态圈的共赢，任何一家直企，面临颠覆性创新，唯一的应对之策，就是改变自己，拥抱未来。

后 记
AFTERWORD

　　一般而言，只要有组织，就有领袖。而在社会其他各个层面"领袖"一词几乎没有太多出现过，只有在直销业内，"领袖"的使用率越来越高，例如：系统领袖、团队领袖、高阶领袖、超级领袖等等。在各种不同的称谓中，有些是自封的，有些是公司对高阶经销商的尊称，有些是行业给与团队领导人的荣誉。

　　无论"领袖"的称谓来自何处，庞大的直销基层市场需要这样一批人的引领，是毋庸置疑的，同时也说明直销领袖要勇于承担起引领团队创造更大价值的责任和助力行业健康发展的使命。

　　直销组织比起其它组织有其特殊性：一来，组织的成员都是独立的个体，彼此间并无任何形式的制约，也就是没有强制性的约束力；二来，直销组织是以营利为目的，组织必须凝聚起来朝同一目标一起努力，共同奋斗，才能达到组织营销的经营目的。这两个因素是组织的特性，也是组织经营的难处。

　　直销系统的形成并不是水到渠成的结果，必须刻意去经营的。因此，如果没有有心人，根本形成不了有价值的系统团队。没有理想，没有目标的乌合之众是无法形成有效系统的。既然系统要靠有心人去经营，一旦系统建立，这个有心人通常得到组织成员的认同、肯定，进而以他马首是瞻。而这个有心人也顺理成章的成为这群人的领袖，带领他们朝同一目标共同前进，共创利己以及利人的事业，这个过程就是直销事业经营的标准模式。

直销人要想做好直销事业，一定要找到一个成熟的系统和有责任感的领导人，判断一个领袖是否可以用自己的一生去追随，是一个影响深远的问题。所以作为合格的领袖需要不断提升自己的修为，努力创造条件，帮助追随自己的成员实现梦想。

根据对众多直销系统的跟踪调查，我们认为，具备以下要素的团队领导人就是广大直销人愿意追随的合格系统领袖：一、能够在下级需要的时候给下级提供指导，帮助下级发展；二、行动目标明确；三、敢于给成员尝试犯错的机会；四、有着良好的生活习惯和业余爱好；五、有成功经验；六、懂得舍即是得；七、懂得授权与控制；八、公平公正；九、心胸宽广；十、不虚伪，表里如一。

二十多年来，直销行业已经有一批非常优秀的市场领袖和广大的从业人员，这是未来直销行业蓬勃发展的动力和基础。诚然，在直销发展的过程中，伴随着很多不理解和负面的影响，需要我们付出极大的耐心和努力维护直销尊严，改善行业环境。作为直销领袖更是责无旁贷，我们要树立一种共同的责任和使命意识。这种共同的责任和使命意识就是彻底改变行业二十多年以来给社会留下的一些非真实印象。行业受尊敬，要成为每个直销领袖心中最神圣的责任和使命。